フェラーリは金で買えるが
筋肉は買えない

筋トレによるボディメイクは、筋肥大と除脂肪＝筋肉を大きくしつつ脂肪をそぎ落とし、筋肉の細部まで美しく見せるというのが目的だ

ボディメイクとは、あくまで自分の意思と力だけで自分自身を変えることを意味する

「肉体は作品でありコンテストは現時点での自分の最高傑作を発表する展示会なんです」

（還暦コンテストビルダーのOさん）

「パワーリフトは記録がはっきりと眼に見えるのがいい」
（還暦パワーリフターのAさん）

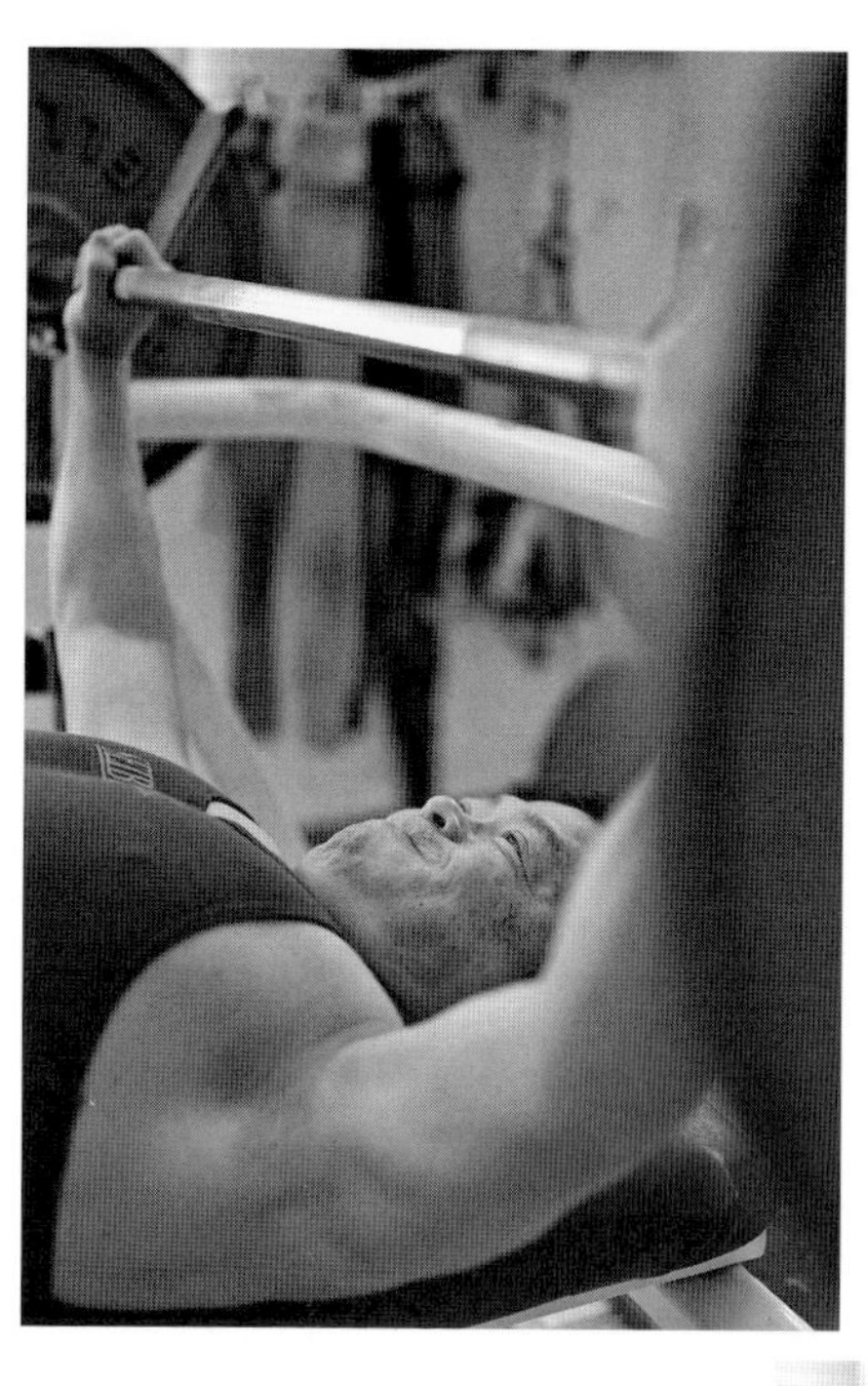

「ベンチプレスは筋肉以上に脳を使う知的な競技なんです」

（還暦ベンチプレッサーのNさん）

筋トレとは「盆栽」である

負けない筋トレ

還暦から筋トレにハマったら「肉体」と「人生」が激変した！

プロローグ――「負けないために」

二つの「体力」と「心の体力」

世界中が不安と恐怖の黒雲に包まれ、現代文明がいかに脆かったのか、いやでも気づかされた。人類にとってこの戦いは、完全勝利が難しいらしい。長い戦いになりそうだ。となると、できるのは勝つことではなく「負けない」ことかもしれない。

今のところ、特に中高年がこれに負けぬには、基礎体力が運命を左右すると言われている。富貴栄華にかかわらず、最後の最後、頼れるのは己の体力だけなのだ。

この体力だが、実は2種類ある。ひとつは「行動体力」。いわゆる筋力や持久力、柔軟性やバランス能力。もうひとつが「防衛体力」。ストレス抵抗力や免疫力などだ。「防衛体力」は体のなかの働きで、見えないし数値化もしづらい。が、「行動体力」が上昇すると、「防衛体力」も上昇することは知られている。

たとえば、筋肉を鍛えるとマイオカインというホルモンが分泌され、これが肝臓などの代謝を促進し、同時に脳の認知機能を維持させる。ウツ症状やガンの抑制にも効果がある。高重量のトレーニングを行うと、骨からはオステオカルシンというホルモンも分泌され、こちらは糖尿病リスクを減らすだけでなく、各種アンチエイジングの働きがあるという。いろいろな健康法のなかでも筋トレが最も効果的とされている理由だ。

本書は「だから読者のみなさまもぜひ筋トレを」という趣旨の本ではない（無論、その意図もあるけど）。そういう、ただ健康を目的にしてトレーニング法を説明する本は他にもある。ネットに情報も溢れている。私だって参考にしてきた。

しかし、本書は少々違うのだ。

そもそも私は漫画の原作家だ。本気の筋トレ歴も2、3年で、いわば素人である。歳はただ今現在……なんと67歳にもなった。要は、本書を手に取ってくれたあなたと同じ中高年で、かつ初心者なのである。しかも筋肉ムキムキの格闘技系漫画ならまだしも、何十年も酒の話ばかりを書いてきたから、自他共に認めるメタボオジサンだった。しかし、だからこそ本書を書く意味があると思った。ここを強調したい。実は、中高年が筋トレをする最も重要な「意味」について書かれた本は、過去一冊もなかったのだ。その意味とは何か――。

体力に「行動体力」と「防衛体力」があると書いたが、中高年だからこそ必要な体力がもうひとつある。いわば「心の体力」というようなものだ。

人生の折り返しを過ぎ、かつては遙か彼方に感じられた「死」も眼の前をかすめる。私自身も大腸ガンを経験して、いやでも人生を振り返った。今回の世界的な疫病の蔓延にかかわらず、老化や死さえ少しずつ身近になってくるのが中高年だ。

こんなとき、体の体力以上に必要なのが「心の体力」だ。大事なのは人生の後半期、自分自身に真剣に全力で向き合うための心の強さだ。誤魔化さず、偽らず、もう一度自分自身を真正面から見つめ直す謙虚さだ。中高年の筋トレは、そんな力も養ってくれる。その意味で、本書は「読む筋トレ本」でもある。読んで「心の体力」も鍛えられる。

本書は好きなところから開いて読んで欲しい。理屈はともかく、まず体を動かしてみたいというなら、「実践編・トレーニングを始めよう」をどうぞ。何十年ぶりかに体を動かすという中高年のための方法を、私のトレーナーに話を聞きながらまとめてある（ここはプロの指導なので信頼できます）。自宅でもできるので、まず体を慣らして欲しい。在宅ワークの運動不足解消としても役に立つ。超初心者向けに細部にわたって書いているので、誰でも始められるはずだ（たいがいの筋トレ本はこのへんを大幅に省略している。プロにとっては当然過ぎて眼がいかないのだろう）。「ボディメイクとダイエット」の違い、「食事と栄養、サプリ」などについても同時にお読みいただければ、トレーニング意欲も増すはずだ。筋トレをすることの意味や各種競技、コンテスト、その面白さについても読んで欲しい。私自身、こんな世界があったのかと驚いた。すべては私の体験談だから、そのバタバタぶりを笑いながら楽しんでもらえれば幸いだ。

さて、還暦も過ぎて本気でトレーニングをするとはどういうことか。まず私のある1日から紹介したい。本人はいたって真面目に必死なのだが、その大げさ過ぎる覚悟はしばしば笑われる。

この2、3年。私の1週間は、こんなふうに始まる……。

今日は「蛙を飲む」にはもってこいの日だ

還暦だからと、赤いチャンチャンコの代わりに買った真っ赤なスポーツカー。そのスタートボタンを押しエンジンをかける。ルーフを開ける。雨以外ならどんなに寒い冬でも必ず開ける。走り出せば、冬の風は少し触れただけでナイフのように冷たく鋭い。「なんなの〜あのオヤジ〜。この寒いのに車の屋根開けてバッカみたい〜」という若いお嬢さんの視線は、冬の風にもまして冷たいが、そんなことを気にする余裕はない。サングラスのなかからまっすぐ前をにらみつけ、口元を噛みしめる。我ながらまるで殴り込みだネ、といつも思う。

ご近所迷惑な排気音に負けぬ大音量で音楽をかける。「レッチリ」「ブルーノ・マーズ」「ツェッペリン」に「清志郎」。テンションを上げるための曲はいろいろ入っているが今日はやっぱり定番の「ボン・ジョヴィ」だ。信号待ちのたびに前腕に力をこめ、ハンドルを握り直す。「ヨッシア〜」と、意味不明なかけ声を叫び、頬をパンと叩いて気合いを入れる。鼻息がフンフンと荒くなる。信号で横に並んだ軽自動車のお嬢さんが、何事かとこちらを見ている。普段ならお愛想笑いのひとつも返すが、今日はとてもそんな気分にはなれない。

だって今日は蛙を飲む日だから。

少しアクセルを開きギアを落とす。エンジン回転の急上昇にハンドル上のレブカウンターの赤ランプが点滅していく。とはいえオヤジの超安全運転だから車は亀のようにのろい。

やがて曲が「It's My Life」に変わる頃、車はジムに着く。

ジムに到着すると一目散。着替えもそこそこにアップを終え、バーベルのラックに向かう。楽しいからじゃない。逆だ。早く、一刻も早く済ませたい。手幅を決めて深呼吸。シャフトをくぐり肩に担ぐ。「よいしょ!」と、ここは年相応に間抜けなかけ声。2、3歩後ろに下がり今度は足幅を決める。「ふ〜」と息を吸ってベルトに腹圧をかけ、シャフトを強く握り直す。顔を上げる。そう、この1発目。このために家を出るときからテンションを上げてきた。でも、これさえ終われば大丈夫。股関節からやや上体を折り、大臀筋を後ろに突き出すようゆっくりゆっくりと体を沈めていく。頭のなかで呪文が響く。

今日は「蛙を飲む」にはもってこいの日だ。
生きているものすべてが、わたしと呼吸を合わせている。
すべての声が、わたしのなかで合唱している。
すべての美が、わたしの目のなかで休もうとしてやって来た。
あらゆる悪い考えは、わたしから立ち去っていった。
今日は「蛙を飲む」にはもってこいの日だ。

この「呪文」はもちろんアメリカ・インディアン、プエブロ族の有名な詩「今日は死ぬにはもってこいの日」の替え歌。「死ぬには」のところに「蛙を飲むには」を入れると、この日の私の気分にぴったりだ。いつもつい頭に浮かんでしまう。しかし、担ぐ重さは自体重と同じ70kg程度とショボい。もし心のなかを誰かに読まれたら、大げさ過ぎて恥ずかしい。が、本人としては真剣なのだ。真剣を通り越して必死だ。ホント死にそうなんだから。

アメリカの筋トレ雑誌『マッスル・アンド・フィットネス』で下半身トレーニングを「蛙を飲む」と比喩しているのを読んで「その気持ちわかる！」と、思わずうなずいてしまった。多分あなたも筋トレを経験したことがあれば同じだろう。

下半身のトレーニング＝大臀筋や大腿四頭筋（だいたいしとうきん）、ハムストリングスなどは、体のなかでも大きな筋肉で酸素消費量も多いから呼吸が苦しく息が上がる。加えて扱う重量もデッドリフトに次いで重い。セメント袋を担いで全力疾走するようなもんだ。油断すると、まさに蛙を飲んだかのように「オエッ」と吐きそうになる。ホントに飲んだことはないけど。

挙上（きょじょう）する最も重い重量から始め、セットごとに重さを下げていくトレーニングを「ディセンディング・セット法」（Ｐ44）という。つまり、その日最初の１発目がいちばん重くいちばん苦しいわけだ。でもこの「蛙」を飲まなきゃ１週間が始まらない。

そんな思いまでしてなぜ筋トレなのか――。

私がなぜ還暦を過ぎて筋トレに熱中したか。自分のことは次章で述べるが、まずは本書のきっかけから。「最近、何か凝ってます？」と長い付き合いの編集者に訊かれたことだ。昔からお調子者でそのときどきに凝っていることに、思いっきりのめり込む性格だと私のことをよく知っている。

「最近は筋トレ」

「じゃあそれで。時節柄、特に中高年は体の免疫力アップが必要ですし。城さんなら3ヵ月もあれば原稿上がるでしょ」

と、古今東西、編集者は書き手の都合など一切考えない。「早い、安い、（そこそこ）上手い」がウリだった雑誌ライター時代からの長い付き合いだから、遠慮も容赦もない。で、私をチラリと見て言う。

「でもねぇ、もう少し著者の体が絞れてないと読者への説得力が薄いですよね。そうだ。どうですシックスパックとか。単行本の書き始めから書き終わるまでの3ヵ月でシックスパックにするということで」

ライザップのテレビCM以来、世間の人はシックスパックなんて簡単だと誤解している。馬鹿を言ってはいけません。ライザップのCMに出る芸能人さんはシックスパックに体を絞るのがお仕事。とはいえ、こんな機会がなきゃ腹を割ることもないかもしれないしなぁ。と、著者をその気にさせるのも編集者の腕前ではある。だったらその話、乗ってやろうじゃない。

そう、腹は割れるものではない。割るものなのだ。さて、長らくオヤジの馬鹿話に付き合ってくれたあなた。ここまではいわば準備体操のウォームアップ。

次章からが本気です。漫画家・ジョージ秋山先生も言っている。

「散歩のついでに富士山を登った人はいない。登ろうと決意したやつだけが登ったんだ」

大事なのは本気の決意——。

負けない筋トレ　目次

第1章
漫画原作家の筋トレ前史

私、漫画の原作家です

最初に私のことを少し説明したい。漫画原作＝漫画のための脚本を書くのが仕事だ。黙々と日々パソコンに向かい「一太郎」の画面でシナリオを作る。最近はネーム原作といって、元々は漫画家さんだった人が話を考え、コマ割りとラフ絵まで書くことも多い。昔ながらにシナリオ形式で書く原作家は少なくなってきたので、私はほとんど絶滅危惧種だ。

私が書いた原作は編集者を経由して漫画家さんに渡り、やがて漫画誌に掲載される。過去いちばん売れた作品が『ソムリエ』『ソムリエール』とか『バーテンダー』『バーテンダー6ｓｔｐ』とか。なぜか酒がらみなのは、もちろん本人がノンベイだからだ。ノンベイな原作家が酒をテーマにした原作を書くと、その体はどうなるか。『バーテンダー』というバーを舞台にした漫画の原作が、実際に完成するまでを紹介するとわかりやすい。

原作家のメシと酒

まず担当編集者と打ち合わせをする。開始はたいがいまだ陽の残る夕刻の銀座だ。和洋中、その日の気分でメシを食いながら日本酒かワインを飲む。ノンベイはおおむね食いしん坊だ。漫画編集者のいちばんの才能は食

1　強靭な胃袋

漫画の連載も長くなると担当編集者も少しずつ代替わりして若返る。何人か担当が代わって、また初代に担当が戻った。ある日の打ち合わせ、「今日は六本木の炉端焼きで熊肉！　食える？」と訊くと、「熊ＯＫ」と言う。が、どうも箸がすすまない。やっぱり苦手かと思ったら……。「すみません、実は昼に別の作家さんと打ち合わせでフレンチのフルコース食って」「それなら何か軽い物にしたのに」「いえ。そのフレンチの後、この打ち合わせの前にラーメン食っちゃって」。そりゃ食い過ぎだ。

いしん坊な作家に付き合える**強靭**（きょうじん）**な胃袋**[1]を持つことだから、食いしん坊が2人揃う。互いにガツガツと箸がすすむ。酒もすすむ。フレンチやイタリアンならボトルのシャンパーニュから始まってグラスの白、赤を何杯か。こうやって今回の話で扱うカクテルとストーリーの大筋が決まったとする。たとえば夏ならミントを使ったモヒートが定番だ。

食後はバーに移動して「モヒートを」。何度も飲んで知り尽くしたカクテルでも必ず再確認する。1杯で帰るのはバーテンダーさんに失礼だからもう1、2杯は違うものを頼む。これで終わりではない。できれば違ったバーテンダーさんの違ったモヒートも試して話に生かしたい。二軒目に移動する。

「モヒートを。何か変わったアレンジある？　なるほど、モヒートにミントじゃなく本場キューバの**イエルバ・ブエナ**[2]を使うのね。そりゃ面白い」で、終わりにはならない。三軒目に移る。この頃になるとただの酔っ払い。仕事のことなど忘れ、最後はシングルモルトで締めたくなる。「酒のアルコール度数と美味しさは比例する」が信念だから、飲むのは度数50度超のカスク（原酒）だ。

その後は「ちょっと小腹も空いたね。ラーメンでも食って帰るか」とな

2　イエルバ・ブエナ
キューバのハーブ。呼び名は違うが味と香りはスペアミントやブラック・ミントとあまり変わらない。

って、時計の針はすでに零時を大きく回っている。

私の腹はシャンパーニュとカクテルでできている

かつて女優の故・**川島なお美さん**[3]は「私の体はワインでできている。血管のなかはカベルネ・ソーヴィニヨンが流れている」と言った。何度か一緒に飲んだこともある。青山の自宅で**テレビの撮影**[4]も一緒にした。セクシーさのなかに無邪気なあどけなさが残る美人だった。それならとばかりに、オヤジも開き直る。「太り気味？　いいんだよ。私の腹はね、シャンパーニュとカクテルでできてンだから」

メタボ大歓迎

昭和生まれは働き者である。打ち合わせは月に1本だけではない。最盛期には週刊誌の連載1本、隔週誌の連載2本、月刊誌2本をさまざまなペンネームで書きまくって都合合わせて月に10本。打ち合わせは毎度ではないが計算上は、ほぼ3日に1度の暴飲暴食。こうなるとパソコンに向かって原稿を書いているときだけがむしろ休肝日だ。当然動かない。1日の歩数が500歩なんて日さえざらにある。

3　川島なお美さん
実は川島さんは、青山のワインスクール「アカデミー・デュ・ヴァン」の少し後輩というのが、オジサンのプチ自慢だ。

4　テレビの撮影
この川島さんとテレビの撮影を自宅でしたときに、編集部が差し入れしたワインがDRC（ドメーヌ・ド・ラ・ロマネ・コンティ）の「グラン・エシェゾー」。昔はつくづく集英社も景気がよかった。『少年ジャンプ』も今よりもっと売れてたしネ。それだけじゃない。昔はDRCも信じられぬくらいに安かったのだ。

こんな生活を40歳から20年以上続けると人の体はどうなるか。
体重は不明である。体重計は見ないからすでに捨てている。腹囲なんて知らない。江戸時代の**刀鍛冶の漫画原作**5を書いたついでに、着物に凝ってスーツも捨てた。着物がいいのはむしろ腹が出ていないと帯の収まりが悪いからメタボ大歓迎なのだ。

「チ、チ○コが……消えていた」

諦めと開き直りはいつも同居している。このへんは女子と変わらない。ウエストがきついからとゴム入りスカートに手を伸ばした瞬間、女性も何かが少し決壊する。自意識のボーダーラインをちょっと越え、大阪のオバチャンに一歩近づく。「飴チャン食べる〜?」まであと少しだ。そしてある日突然気づいて**愕然**6となる。読者であるあなたも次をぜひ試してみて欲しい。

まず服を脱ぎ、パンツも脱いで真っ裸になろう。両踵をつけ直立する。背筋を伸ばし、顔は正面を見て両手は両脇に。そしてソロリソロリと少しだけ視線を下げて足のつま先を見てみる。と、つま先どころか……。「え〜。腹の肉に隠れてチ○コ見えないじゃん!」。チ○コが消えていた。

5 刀鍛冶の漫画原作
『ヤングジャンプ』で連載していた『にらぎ鬼王丸』。ただしペンネームは「荒仁」(作画・坂本眞一)。この頃は日本刀に凝っていたので、日本刀から槍までごっそりたまり、我が家が武器庫になっていた。火縄銃まで買わなくてよかった。

6 愕然
愕然となりたくないので、この頃の私はそもそも鏡の前に立たなかった。昔の自分に言ってやりたい。運動なんてしなくていい。ややこしいこと考えず、糖質と脂質(と、酒)を極力抜いて2週間すごせと。

道具と理屈には凝る

無論、それまでだって運動をしなかったわけじゃない。原作家なんて居職(いじょく)の職人商売だから、むしろ体を動かすことはいつも心がけた。ただし仕事柄、どんなことでも理屈と道具から入る。どこかに面白いネタがないかと常に探しているのだ。結果、何かに凝ると関連書籍をアマゾンで全部ポチって大人買い。本棚ひとつがその分野で埋まることとなる。

若い体育会系の「グズグズ言わずにガツンとやりゃいいんだ」ができない。「グズグズ言ったあげくピクリともやらない」のが特徴だ。しかも、理屈先行だから頭に描くイメージと現実のギャップにもいらだってしまう。道具も常にオーバースペックで、技量が追いつかないのも失敗の理由。わかっているのに失敗の経験が身につかない。ま、これは年齢のせいというより、性格の問題でもある。

ランニングに挫折した理由

ランニング[7]がこんなに定着する以前から近所を走ったこともある。青山3丁目の自宅からスタートし青山墓地に出て、絵画館前を通り明治神宮を原宿駅に抜け、表参道に戻ってこれで約8㎞。都会を走るのは風景が刺激

7 ランニング
「減量のため」と、最初にランニングをするのはやめた方がいい。体重を落としてから走り始めないと膝を痛める。といって、ウォーキング程度ではたいした負荷にならないので、まず痩せない。……と、この頃は気づかなかった。

的で飽きない。着飾ったオシャレな美人をチラチラ横目で見ながら追い抜いて走る楽しみだってある。飽きるのは走るという行為だけだ。美人見学だけなら、ワンコの散歩のついでに銀杏（いちょう）並木のベンチに座っていれば済むとすぐ気づいてしまう。ワンコもその方が楽でいいし。

ジムにも通った

無論、ジムにだって通った。ティップネスから、できたばかりのゴールドジムまで。しかし今ならわかる。ただ漫然と目の前のマシンに向かい、有酸素運動のトレッドミルで終わる筋トレはすぐ飽きる。飽きてたちまち幽霊メンバーになった。そういえば3年前は水泳にも凝った。トレーニング用ＤＶＤもさんざん見て一から勉強し直した。なんとかジムのプールをクロールで１㎞泳げるようにはなったが、スピードが伸びない。いつも小学生に簡単に追い抜かれ自尊心をへし折られてプールからも去った。

自転車にも乗った

自転車漫画[8]を試すという理由で、自転車を何台も買ったこともある。ほぼ半世紀ぶりの自転車、それもロードレーサーで都心を走るのは怖い。最

8　自転車漫画
ロードレーサーから折り畳み自転車、マウンテンバイクまで買ったが、どれも走行距離は20㎞程度。つまりそれほど自転車は好きではなかったのだなと後で気づいた。漫画も読み切り１本で終わり、仕事にもならなかった。投資金額はまったく回収できなかったから大損だけど、私にはよくあること。

近の自転車があんなに軽くて早いとは思わなかった。八ヶ岳の別荘地に持っていって練習した。標高1300m。車はいないが道は思いっきり急坂だ。**ビンディング**[9]を付けた**トレック**[10]は超初心者が乗りこなすにはハードルが高過ぎた。そもそも走り出しのゆるい上り坂を踏み込めず、パタパタと転倒する。林のなかから鹿が何事かと立ち止まって見つめている。打ち身、擦り傷で満身創痍（まんしんそうい）、手をケガしてキーボードも打てぬ。腹が立って自転車を車庫に叩き込んで挫折した。

今になって思えば自転車を車に積んで平坦な場所で練習すればよかったが、このあたりが還暦過ぎると頭が固い。「昔は簡単にできたんだからできぬはずがない」と強く思い込んでいる。

ついでに大型免許も挫折した

昔はできたと言えば、還暦過ぎて、バイクの大型免許（限定解除）にも挑戦したことがある。スズキの「隼（はやぶさ）」というバイクがどうしても欲しくなったのだ。ちなみにカタログ上の最高速度が時速312km。フェラーリと同速度でお値段1／10以下。ちなみに私、20代からバイクには乗ってきたし、30代の頃には**ゴビ砂漠**[11]だってバイクで走った。30年ぶりとはいえ、そ

9 ビンディング
靴をペダルに固定する金具。ペダルを踏むときだけでなく、脚を引き上げるときも力を加えられる。が、これを外しそこなって「立ち転（こ）け」するわけだ。

10 トレック
アメリカの自転車メーカー。

こらのオッサンより腕に覚えはある。歳はとったが教習所の大型免許くらい簡単と舐めていた。ところが「一本橋」がどうしても渡りきれないのだ。

バイクの免許を取ったことのある読者ならわかるだろうが、これは幅30cm、長さ15ｍの「橋」の上を10秒以上かけてバランスをとって渡る試験。中型免許を取った頃は、何も考えず特に緊張もせず、最初から一度も落ちることなく渡れた。そもそも落ちるなんて考えたこともなかった。ところが渡れない。バランスを崩して転倒を繰り返す。我が事とはいえ信じられない気分だった。Ｇパンの下にこっそりプロテクターを着けて防護したが、そのうちに恐怖心が芽生えてきた。ハンドルを握るたび、自分がどんどん萎縮していくのがわかる。ここでも満身創痍。これは無理だとさすがに諦めた。

体は確実に衰えているが、その事実を認める冷静さはない。「できぬはずがない」と頑（かたく）なだ。ジジイになるとはそういうことだ。衰えは体力だけではない。反射神経、バランス感覚、もろもろ含めて戦う気力も衰えているのだと自覚させられた。

11 ゴビ砂漠

中国をバイクで走ったのは天安門事件（89年）の少し前。中国が開放政策に向かい出す混乱期だったのでできた無茶な冒険。結果もろもろあって、中国から強制送還されるというお恥ずかしい過去もある。このときの話も本にしたが、さすがにAmazonでもこれは見つからないから、そのままなかったことにしたい過去。

食事制限だってやってみた

今どきの医学は、「諸悪の根源は肥満である」と簡単に決めつけてくれる。だから「週末断食」から「玄米菜食」「朝バナナ」から「夜納豆」、「地中海式」から「糖質制限」までいろいろ試してもみた。ま、このへんはあなたも多分一緒だと思う。テレビでは毎日悪魔の囁きのように「体にいいよ〜これさえ食べれば痩せるよ〜健康になるよ〜」と繰り返す。「嘘をつきやがれ」と思いながらも、いそいそとスーパーで納豆など買ってくるから、オヤジはチョロいもんだ。実は、無駄に長くは生きてきたから、本当は失敗の理由なんてとっくにわかっているのだ。

ダイエットは「永久失敗商法」

世の中には失敗するからこそ成り立つビジネスがある。たとえば英会話。誰もが簡単に使えるようになっては商売にならない。そもそも中学高校と6年間も習って、外国人に道を訊かれ照れ笑いで誤魔化すなんて日本人だけだ。

メキシコ[12]のティファナに行ったときのことだ。未舗装のでこぼこ道に、砂埃舞い立つ絵に描いたような国境の町。道ばたの土産売りのインディオ

12 メキシコ
私、メキシコで「肩まで伸ばした長い髪と澄んだ目をした」ヒッピーだったという過去もある。この頃、英語はインチキだったが、スペイン語は通じると思っていた。メキシコ人のオネーサンとなら何の不自由もなく話が通じたからだ。英会話もスペイン語会話も本気の必要があればすぐ覚えられるという証拠。

のオバチャンがアメリカ人観光客と丁々発止(ちょうちょうはっし)、流暢な英語でやり合っている。どうみても**英会話教室**[13]とは縁はなさそう。そりゃメキシコの学校だって英語の授業はあるだろうが、オバチャンの風情は田舎の村からいま来たばかりな素朴なたたずまいだ。話してわかったが実際、オバチャンはティファナに来てまだ1年だという。なぜオバチャンは1年でこんなに英語が達者なのか。

生活が、いや生存そのものがかかっているからだ。道行く外国人に必死の英語で声をかけ、その足を止めさせ、命がけで客の気をひき、値切りをかわし、ため息をついて最後は諦めたように客の値段を受け入れる。これで英会話が上達しないわけがない。ちなみに私は知っているがその値段、メキシコ内地で買う10倍以上だ。オバチャン、英語もうまいが芝居はもっとうまい。

英会話もダイエットも必要なのは目的と動機

スイス人の友人から聞いたことがある。スイスではドイツ語、フランス語、英語の3ヵ国語くらいは誰でも普通に話すという。別に会話の勉強に苦労した記憶もないそうだ。大国に陸続きで隣接した小国が生き残るため

13 英会話教室
外国語のレッスンと筋トレは少し似ている。最初は面白いように急激に伸び、やがて停滞期が来る。ここでたいがい諦める。少しだけ我慢して耐えると、またゆっくりと動き出し、やがてまた停滞期を迎える。この繰り返しだ。変化は階段状に、ただし定量的には起こらないのも同じ。伸びるときには急に伸びる。

には、遺伝子レベルまで会話能力がたたき込まれているに違いない。

「海外旅行に行ったときに英語が話せたらステキ〜」というOLさんや「アメリカ本社から役員くるんだよなぁ。まいったなぁ。プレゼンが英語だぜ〜」なんて愚痴る日本の会社員とはそもそも英会話に向き合うレベルが違うのだ。

その意味で、日本人が英語を話せないのは侵略の脅威がない証拠。平和なことなのだ。ではダイエットはどうか。なぜ永遠に失敗し続けるのか。

これも同じ。実は**本気で痩せる**[14]必要なんかないからである。人に必要なのは強い目的意識とそれを支える動機なのだ。つまり、この頃の私には目的意識も動機もなかったことになる。

愛も忘れやすい

愛はどうだろう。オジサンが、そしてそれ以上にオバサンが、熱烈恋愛で結婚したのに、なお懲りずに不倫をするのはなぜか。ダイエットや英会話と同じように、そこに「完全な成功」というエンドマークが見えないからだ。どの愛も**時間経過**[15]とともにいつか失敗と感じ、違う愛があるのではと考えてしまうからだ。……と、思うが、これは大きな声で言ってはいけ

14 本気で痩せる
健康診断で医者にかなり脅かされないと、中高年以降の男性は痩せようとは思わないだろう。それは痩せる目的が健康だからだ。逆なのだ。筋トレという面白い遊びを続けたら、結果、痩せたり健康になったりする(こともある)と、考えるべきだ。大切なのは続けるということ。だからこそケガをしないトレーニング、ケガをさせないトレーナーが必要なのだ。

15 時間経過
だから昔、「恋は3年で冷める、愛は4年で終わる」なんて内容の本がベストセ

ない。

かつて作家・深沢七郎（ふかざわしちろう）さんがこんなことを言った。「茶道なんてものがなんで存在しているのか。あれはまとめて覚えれば1週間もあれば全部覚えられることを、前のことを忘れた頃、忘れた頃に次のことを教えるから全然覚えない。覚えさせないように教えるから商売になる」。さすがなんという皮肉屋。人は忘れやすい。忘れたことすら忘れてしまう。だから懲りることなく新しいダイエット方法が出るたび繰り返し飛びつく。不倫も何度も繰り返す。英会話だけは都合よく挫折するけどね。

そんな私にも、ちょっとした転機が訪れる。

ガンにもなったことだし

還暦を2年ほど過ぎた頃にステージⅡの大腸ガンになった。**大学病院**[16]の最上階の個室。窓一杯に冬の陽が差し込んでぬくぬくと気持ちがいい。そのためか担当の**K先生**[17]、手術前からしばしば遊びに来ては見舞いのチョコレートなどつまんで話し込んでいく。

呼び出しコールがあると指についたチョコレートなめなめ「ちょっと行ってきますね。また後で」と、ついでの買い物にでも行くように立ち上が

ラーにもなったわけだ（『愛はなぜ終わるのか――結婚・不倫・離婚の自然史』ヘレン・E・フィッシャー著 吉田利子訳 草思社）。

16 大学病院 丘の上の高台にある大学病院の最上階。窓からはジェット戦闘機が離発着訓練をする風景が見えた。銀色の小さな翼に太陽がキラキラ反射する光景は美しかった。このときの朝日の写真は今でもスマホの待ち受けにしている。キレイだからではない。「メメント・モリ」（死を忘るなかれ）という自戒のつもり。

る。どこに行くのかと思ったら、これから5時間の手術だという。人の生死が関わっているのに、テレビドラマの手術シーンの緊張感など全然ない。

そりゃ毎日のことだから、いちいち緊張していては身が持たぬだろう。とはいえ、外科医は肉体的にも精神的にもタフじゃなきゃできない仕事だなと、感心を通り越して呆れた。

再発率は「3割打者」？

K先生に訊いた。「ところで、今回の私の手術って10段階でいうと難易度どのくらい？」　ちょっと首をかしげ「5くらいかな」と、不安にもさせないが、安心もさせない絶妙なお答え。

「ぶっちゃけ再発率3割とかどう考えたらいいんだろうね」

「野球だって3割打つバッターって凄い強打者じゃないですか。ま、そんな確率」

「……ん？」

なんだそれ（笑）。それがどんな分野であれ「絶対に」と言ったらそいつは信用してはいけない。「絶対に治る」「絶対に儲かる」。「絶対に」と言っていいのは「絶対に君を幸福にするから」とプロポーズをする男子だけ

17　K先生

時計やカメラのコレクターだった担当K先生。自慢の古い腕時計のコレクションなど見せてくれる。面白がって私も退院後、何個か時計を買って「やっぱりパティックはリューズを巻いたときの音が美しい」「手巻き時計は時間を作っている気がする」と喜んでいたが、すぐに飽きた。そもそも私、腕に時計をする習慣がないことを忘れていた。

だ。この「絶対」はウソをついているのではなく若さゆえの無知だから神様も許してくれる。

私より一回りほど若いK先生の手術の技量が「名医[18]」レベルであるかどうかは知らない。素人には知りようもない。でもこの先生に手術されて死ぬならまぁしかたない。これも運命だと諦めるか、と思えた。その意味でK先生が「良医」であることだけは間違いなかった。

手術前日に鏡の前で思った

手術前日、鏡の前で裸の我が身を見る。さすがに体重だけは激しく減って、高校生のとき以来の身長174cm、体重68kg。どんなダイエット法も病気にゃかなわない。大臀筋の筋量が落ちて尻の皮がしわになっている。まるでしぼんだ風船だ。上腕も細く、力を入れても二頭筋の気配もない。胸もつるんと平らで胴との境もあやふやだ。

そのくせお腹だけはぽっこり立派なメタボ。これが私か。「う〜ん、ちょっとカッコ悪いな。もし退院できたらもう一度体を鍛え直すか」と、このときボンヤリと思ったのがすべての始まりだったのかもしれない。

18 名医
のちに「ああ見えてK先生、腕も結構いいんですよ」と看護師さんも言っていたから実は「良医」というだけではなく、ちゃんと「名医」でもあったのかもしれない。

動けない体で考えた

ストレッチャーに横たわり手術室に入る。頭上に見えるのは小顔をマスクで半分隠し、だからこそクリッと大きな二重瞼（ふたえまぶた）が目立つベッピン麻酔医さん。私、緊張するとふざけたがる悪いクセがある。つまり怖がりなのだ。ベッピンな先生を見た途端に思いつく。先生が「はい、数を数えてください。イチ、ニイ、サン……」と言ったらこう答えよう。「先生……いま何時（なんどき）だい？」そう。ご存じ落語の「時そば」だ。こりゃ絶対にウケる。ところが最近の麻酔は瞬時に効く。先生が「はい……」と言ったときには意識がなくなっていた。

意識が戻ったときは腕に点滴、チンチンには採尿の管。背中には麻酔のチューブ。5つ開けた腹の小穴にも何やらパイプ。胸には心電図のケーブル、脚には血液凝固を防ぐためか、ふくらはぎを締めたり緩めたりの落ち着かぬ機械。これじゃまったく身動きがとれん。ともあれ、とりあえずなんとか生還したらしい。

この話は「死神」でやろう

開腹手術ではなく**腹腔鏡手術**（ふくくうきょう）[19]とはいえ、大腸を10㎝ほどもちょん切って

19 腹腔鏡手術
お腹に小さな穴を何ヵ所か開け、カメラと手術器具を差し込み、ディスプレーを見ながら患部の切除などを行う手術法。開腹手術に比べ傷も小さく、治りも早いといわれる。それでも麻酔から覚めたら十分に痛かった。

引っ張り合わせて縫っているのだから少し笑うだけでも激痛だ。動けないし笑えないし話すのも辛い。しかたないから頭のなかだけ必死に動かし、次の原作のネタを考えた。このガンの経験をまんま話の縦軸にして落語の『死神』と合わせよう。

落語『死神』のオチはこうだ。さんざん死神をおちょくり、もてあそんだかに見える男が最後の最後、自分の寿命が燃え尽きそうなのを知る。男は死神を拝み倒し寿命のろうそくを新品に交換してもらう。男が新しいローソクに火を移そうとすると死神が意地悪く言う。「気をつけないと消えちゃうよ、消えちゃうよ……ほら！」

好事魔多し、禍福はあざなえる縄。大手術の困難を乗り越え、せっかく生き残ってホッとしたのも束の間、病院を出たところで初心者マークの車にはねられて死んでしまう。……そんな話になったら面白い。このときの話、**実際の漫画**[20]でどう仕上げたか、読んでいただけたら幸いだ。

「人生は90日」と考えてみた

「ガンをきっかけにトレーニング」と聞けば不健康な過去を悔い改め、健康のための体作りなんて思うだろうが、むしろ逆だ。目の前を通り過ぎた

20 実際の漫画
このときの話は『バーテンダー à Tokyo』（作画・加治佐修）の8巻「生還のマティーニ」というタイトルに収録した。落語『死神』の話はもちろんだが、作家・開高健が言った「なぜ氷でキリキリに冷えたマティーニが生きているという実感を与えてくれるか」という最後のオチも気に入っている。

「死神」の姿を見てから、いっそうこう思った。

「どうせ明日の命なんてわからないなら、健康なんて馬鹿馬鹿しい。何が人生100年時代だ。そんな寝言を臆面もなく言うのはコツコツ積み立てた年金を平然と踏み倒し、ボロボロになるまでジジイを働かせたい政府と保険屋だけだ。信じちゃいけない」

ヤケになっていっそう酒を浴びるかわりに、ヤケになって酒を控えて筋トレをやってやるぞという覚悟である。手術前夜に見た我が身のままで死んでしまうのは少し悲しいじゃないか。

「一日一生」＝朝に生まれて夜には死ぬ。毎日毎日それをただ繰り返す。だから昨日に煩(わずら)わされず明日に不安を抱かない。と言ったのは**千日回峰行**[21]を2回も回った大阿闍梨(おおあじゃり)・酒井雄哉(ゆうさい)さんだ。確かに「朝には紅顔ありて夕べには白骨となる」という覚悟は日本人の美しい死生観。見習いたいところだが、1日だけで一生を生きるのは、さすがに少々せわしない。そこで人生は90日と思って生きようと、このとき密かに決めた。

本気の90日で体も変わる

「過去を追うな。未来を願うな。過去はすでに捨てられた。未来はまだや

21 千日回峰行　1日48㎞、ほぼフルマラソンの距離を毎日歩く。歩くというより実際には飛ぶように山を駆け続ける千日間の荒行。1日の食事はうどん1杯とわずかな芋のみ。近代栄養学的には生存できるはずがないカロリーだ。「きっと木の根っことかに食べ物隠してるんですよ」と言うK先生、宗教心はゼロである。

って来ない」というのは仏様の根本教義。ごもっとも。だから90日前のことはすべて忘れよう。怒りも憎しみも恩も義理もすべて忘れる。そうすれば少なくとも世間を怒りまくる「キレるジジイ」にはならなくて済みそうだ。そして90日から先のことは考えない。予定も入れない。なるようにしかならぬと諦める。

なぜ90日か。**人の細胞**[22]はほぼ90日で入れ替わるという。いずれ、90日も経てば人はまったくの別人になっているのだ。

自分の過去が、いや自分自身の体と心すら、変わらず続いていると思うのは単なる幻想に過ぎない。そして何よりも筋トレのサイクルとしても理想的じゃないか。本気の90日があれば今からでも体は変わる。

「死にとうない」

……と、偉そうに余裕たっぷりに書いているが、死神は怖くなかったか。無論、怖いがしかたがないという思いもあった。実は私、大学生の頃から雑誌のライターをやっていたから、難病や障がいを持つ子どもたち、その病のために死んでいった子たちの取材をさんざんしてきた。

そりゃ誰だって明日の命はわからない。子どもだからと、その運命から

22　人の細胞
消化器系の粘膜細胞は5日周期で、心筋が22日、皮膚細胞が30日、骨格筋や肝臓の細胞が60日周期、骨細胞が90日周期とされている。でも脳細胞はでき上がると原則として入れ替わらない。ジジイの脳が頑固なはずだ。

は免れられぬ。頭でそう思っても、ものには「ほど」というものがある。5歳や10歳で亡くなるのは、あまりに理不尽だ。それに比べりゃ還暦なんて十分に生きただろう、死神が肩を叩いたとしてもしかたない。と、今度こそようやくすっきりと納得……できたか。

江戸時代、博多・聖福寺（しょうふくじ）に仙厓和尚[23]という名僧がいた。禅宗では臨終のときに「遺偈（ゆいげ）」といって最後の言葉を残す。宗教家としての生涯すべてを賭けた遺言だから重い。弟子が言葉を待つとこう言った。

「死にとうない」

「えっ？」と慌てて弟子が訊き直す。東の一休、西の仙崖と言われた名僧の死に際の言葉が「死にとうない」じゃ世間様にカッコがつかぬ。弟子が再び訊く。

「それでも死にとうない」

私、この話が大好きだ。

意味がなきゃ自分で見つける

意味はいろいろに解釈できるが、なかなか含蓄（がんちく）深い話じゃないか。私がこのエピソードをどう解釈したかはヒミツ。ただ、ひとつだけ実感したこ

23 仙厓和尚
仙厓義梵（せんがいぎぼん）は88歳で遷化（せんげ）（高名なお坊さんが死ぬこと）。禅画でも有名で、あまりに依頼が多いので「うらめしやわがかくれ家は雪隠か来る人ごとに紙おいてゆく」なんて狂歌も残っている。『死にとうない 仙厓和尚伝』（堀和久著 新潮文庫）に詳しい。

とはある。**死を意識**[24]しない人間はどこか生き方が放漫になる。死神をチラッと見たからこそ、最後に少しだけ本気で、マジメに自分自身に向き合ってみようと思ったわけだ。その心にも体にも——。

そう。神は無意味な試練は決して与えない。起きたことには必ず意味がある。意味がなけりゃこれがチャンスと見つければいい。

トレーニング事始め

人が聞けば、笑うほど大げさな覚悟で筋トレを再開したかのように見えるが、ここには少々のタイムラグがある。手術をして再びジムに通い始めたのは63歳のときだ。この少し前に家庭の事情（ま、俗にいう老老介護ですな）で東京から車で3時間ほど、妻の実家があるH市に移り、東京との二重生活になっていた。どちらかというとH市の方が生活の基盤だ。

最初はH市のプールもある総合型ジムに通っていた。この頃はまださほど真剣ではなかった。真剣になりきれなかったのには理由があった。

「猫なで声」のトレーニングならいらん！

実は、30代後半の頃、生まれて初めてスキーを経験してハマった。何事

24 死を意識
自分が経験してわかったが、「死は常に他者のもの」だ。自分にとって大切な他者の死は悲しく、辛く、苦しい。まさに「断腸の思い」。しかし自分の死は残る者を悲しませる心残りはあるが「困ったことが起こったな」程度に冷静だ。「死ぬ前にやり残したこと」などと言うが「死ぬ前にやり残したことは死ぬことだけ」だから心配しなくていい。

も道具立てから入るから、最初に新潟のスキー場に部屋を買った。時代もそういうお調子づいた時代だったのだ。プライベートのコーチを頼んで斜面にポールを立て、朝から晩まで本人としては必死に頑張った。と、ある日コーチがニコニコ笑って言うのである。

「○○さん（私の本名だ）。まぁお歳もお歳ですし、膝も硬くなっているのでケガしないように無理せずいきましょう」

これには**キレた**[25]。なんだと〜。お前はそんなふうに思っていたのか！　私はね、コースを外れて藪に突っ込もうが、勢い余って曲がりきれずに転倒し、腕の一本や二本折っても（いやウソですけど）構わぬ覚悟でやっていたのに。なんだその「猫なで声」は！

人が最も傷つくのは誰かに自分の真剣さを笑われたときだ。腹が立つより己が惨めに思える。他者に対する最大の侮蔑は同情だ。私は同情されたいわけじゃない。いっぺんにやる気が失せ、スキー道具一式マンションごと友達に売り飛ばした。

そして、今回のジムでは歳を笑われたわけではない。むしろ逆なのだが……。

25 キレた
年寄りがキレるのは心のどこかに「自分が世の間違いを正さねば」という「年長者」としての正義感のためという説を読んで納得した。世間はジジイを笑うが、この「年長者」というところに政治家とか、教師とか、宗教家とか大人とか男とか入れてみればジジイと大差がないことに気づく。あらゆる正義はビョーキです。

「お兄さん頑張るね〜」の脱力

これも後に述べるが、総合型ジムの昼どきはさながらお年寄りのサロンだ。マシンをやる人はいてもバーベルやダンベルがある**フリーウエイトのスペース**[26]はガラガラ。そんな昼どき。本日は、苦しくて誰もが避けたい「足トレ」の日だ。「ヨシッ！」と、ようやく気合いを入れ、集中を高めてラックに近づく。

シャフトをくぐって担ごうとしたその瞬間だ。トントンと誰かが肩を叩くではないか。ビックリして振り返る。「オニーサン、いつも頑張るねぇ〜」とおばあちゃんがニコニコ笑って立っているじゃないか。「い、いえ。そんな、とんでもないです」と意味不明なことを言いながら、心も体も思いっきりヘナヘナと脱力して立ち直れない。場違いな真剣さというのも周囲から浮いて少々恥ずかしいもんだ。

このジムと並行して、パーソナルトレーニング主体のジムにも通い出すが、まだまだ本気には少し遠かった。この頃の気分としては、原稿を書いた後の肩こり予防程度のトレーニングだった。

26 フリーウエイトのスペース
多くのジムでは、トレーニングルームは筋トレマシンのコーナー、有酸素系＝ランニングマシンやステッパーなどのコーナーとダンベル、バーベルを揃えたフリーウエイトのコーナーに分かれている。他に「スミスマシン」といって、フリーウエイトのようにプレートで加重するがレールにそって動くマシンもある。ストレッチのスペースや女性専用コーナーを設けるジムもある。

還暦トレーニーさん

人が誰かに影響されるのは、相手の知識とか経験、もちろん地位や肩書きなどではない。圧倒的で真摯なその情熱に対してだ。

ワイン会で年齢の近いトレーニーさんたちと飲んだ。正しく言うなら、お二人の噂を聞きつけ、知り合いのソムリエールさんに頼み込んで無理矢理に席を作ってもらったのだ。H市の筋肉関係ではお二人とも有名人。いわば筋肉のレジェンド。

Oさんは息子さんもボディビルダーの親子ビルダー。Aさんはかつてリフト5段（この段位については後述）の記録を持つパワーリフター。年は私より5歳ほど若かったが、トレーニング歴は30年以上になる。それなのに**ボルドーワイン好き**[27]というのが意外だった。

酔って騒いで盛り上がり、一度ジムに見学に行きたいという話になった。「古くて、全然オシャレじゃないですよ」と、我が事のように恐縮するOさんに連れられ向かったのがH市の「ＳＥＩＢＵＧＹＭ」だった。

トレーナーさんとの出会い

オーナートレーナーの鈴木章弘（すずきあきひろ）さんは2代目。年齢は40代半ばだろう

27 ボルドーワイン好き
「ボディビルダーもプロテイン以外のものを飲むんだぁ……」と、いうのが最初の感想だった。ジムには通っていたが、その程度の認識だった。普通の総合型のジムにだけ行っていると、周りがおじいちゃん、おばあちゃんなせいか、本気のボディメイクをしている人と接する機会は少ないのだ。

28 ボディビルダー
普段は他のジムでトレーニングをしている人たちも、コンテストが近づくと、ポージングを習うために鈴木さんの指導を受けにビジタ

か。ジムはお父さんが1981年に開いたというだけあり、建物からバーベル、マシンまで年季が入っている。ロッカーも半分ほどは鍵が壊れて閉まらない。逆に言うと鍵をかける必要がないくらい、トレーニー全員が顔見知りということだ。

無論、全員が**ボディビルダー**[28]目指して通っているわけではない。ダイエットのためであろう若い女の子も中年の女性もいる。冬休みなどには近くの学校の高校生たちも大挙してやってくる。外国人も多い。

しかし雰囲気はとてもストイックだ。おじいちゃん、おばあちゃんたちがペチャクチャと世間話をする代わりに、ジムのあちこちで聞こえるのは重さと戦ううめき声である。同年代の人間が必死にトレーニングをする姿はやはり刺激になる。以前の個人ジムに不満があったわけではないが、そのまま鈴木さんのパーソナル・トレーニングを受けることを決めた。同時に、しばらくしてH市にゴールドジムも開設され、総合型のジムの方もやめてこちらに移った。かくて、自主トレはゴールドジム。パーソナルは「SEIBUGYM」という2本立て。このとき、実は私、すでに**66歳の誕生日直前**[29]であった。

ーで来たりもする。ピチピチのビルダーパンツ1枚でほぼ全裸の体を真っ黒に日焼けさせた人たちが鏡の前でポーズを取る姿は、なかなか壮観だ。まったくの素人が見たら、開けた扉を慌てて閉めて、見なかったことにするだろうという世界。見慣れると違和感など感じなくなるから怖い。

29 66歳の誕生日直前
筋トレ自体は還暦から始めたが、シックスパックを目指したのはごく最近。その意味で、本書は「還暦から6パック」ではなく「66歳から6パック」だが、「66」じゃ少々縁起も悪

オーナートレーナー鈴木章弘さん

い。というわけで「還暦から」と、ざっくりと省略させてもらっている。決して歳を偽っての若作りではない。ま、還暦も66歳も、たいして違わないと思っているし。

30 BCAAかEAA

BCAAは運動時に筋肉がエネルギーとして使う必須アミノ酸＝バリン、ロイシン、イソロイシンの総称。その分子構造から分岐鎖アミノ酸と呼ばれる。EAAはBCAAを含む9種類すべての必須アミノ酸。バリン、ロイシン、イソロイシン、メチオニン、リジン、フェニルアラニン、トリプ

「『ほぼ日100回』筋トレ」

さて、最近の私自身の自宅トレーニングについても、少しだけ紹介しておきたい。

朝起きると、トイレを済ませて体重の計測。水を飲んでマルチビタミンとかオメガ3にラクトフェリン。**BCAAかEAA**[30]5～10gを直接口に放り込む（俗にこれを「ビルダー飲み」などという）。ついでの漢方薬「**八味地黄丸**[31]」はオヤジの定番。ざっくりとした「8時間ダイエット」をやっているから6時に起きたら10時頃までは固形物は口にしない。

珈琲を飲んでとりあえずパソコンに向かって原稿を書き始める。1時間半でアラームが鳴るので、午前中の仕事はここまで。

この間、ドアに付けた懸垂バーで**ハンギングレッグレイズ**[32]を1セット20回。逆手の懸垂を3～5回。眼が疲れているときはこれに加えてプッシュアップバーで**プッシュアップ**[33]も20回。これは思い立ったら気分転換にやる。レッグレイズ20回も、1日のうち部屋の出入りのたびに5回やれば「ほぼ1日で100回」にはなる。多分、トレーニング効果としてはたいして意味はないだろうけど、気分転換が目的だからそれでいい。

トファン、スレオニン、ヒスチジン。

31　八味地黄丸
高齢者のかすみ目、痒み、排尿困難、残尿感、夜間尿に処方される定番漢方薬。

32　ハンギングレッグレイズ

ジムでのトレーニング

　車で20分ほどの「SEIBUGYM」に行くのは昼頃で、これは月曜と土曜が多い。トレーニングは「三分割」で「胸・肩」「背中・腕」「下半身・腹筋」。できれば1日おきに休息日を規則正しく取りたいが、トレーニング部位の重複も避けたい。仮に月曜に「SEIBUGYM」で「胸・肩」をやると火曜は休み。水曜はゴールドジムで「背中・腕」、木曜もゴールドジムで「下半身・腹筋」と続け金曜は休み、土曜が「SEIBUGYM」で「背中・腕」という順番になる。

　下半身の後、普通なら胸に戻って一巡だが、トレーニングは「SEIBUGYM」でのローテーションを優先しているので、順番は変則的になる。ウエイト、セット数も「SEIBUGYM」のトレーニングを基準にしている。

　たとえばベンチプレスなら62・5kgを10回からの**ディセンディング・セット**[34]。1秒で上げ2秒で下げる。2セット目、3セット目と5〜7kg程度負荷を落としていく。バーはキチンといったん胸につけ、尻も浮かさない。教科書通りのフォームを極力守る。こうすると日によって体調の善し悪し、気力の有無がよくわかる。トレーナーさんがついているから苦しく

33 プッシュアップ
要は腕立て伏せですな。

ても フォームは誤魔化せない。

逆にゴールドジムでのベンチプレス[35]では70kgを5回上げる。上がったら翌週は2・5kg増やし、これが5回上がるまでは重量を増やさない。今のところこのへんの重さが私の限界だ。なぜ5回かというと、これならなんとかスポット（補助）なしでもひとりで扱えるからだ。筋トレの楽しみ＝「扱う重量が増えて嬉しい」というマッチョ気分を味わうためだから、多少のフォームの崩れはあまり気にしない。

トレーニングを考える楽しみ

ベンチプレスだけは「SEIBUGYM」でもゴールドジムでも重複して行うが、他の部位＝背中、肩などはトレーニングの種目を変える。なぜ同じ種目のトレーニングにしないのか。マシンやトレーニング種目を変えて筋肉に違う刺激を与えるため、というのはもう少し上級者のレベル。要は自分であれこれ考えて種目を選ぶのが楽しいのだ。

トレーニング雑誌など読むと、そんなにあるのかというほどトレーニング法が紹介されている。そのすべてが有効とはとても思えない。自分もかつて雑誌の世界にいたこともあるから事情はわかる。月刊誌なら毎月新し

34 ディセンディング・セット
セットごとに重量を減らしていくトレーニング方法。この逆がアセンディング・セットで、セットごとに、重量を増やし回数は少なくしていく（別名ピラミッド法）。たとえば1セット目が10回なら2セット目は7〜8回、3セット目は6〜4回に回数を減らし、逆に重量を増やし、最終セットが限界の重量設定にする。筋肥大ではなく最大筋力を高める効果があるとされている。

いトレーニング法を紹介しなければ誌面が持たないのだ。結果、かなり変わったトレーニング法も見かけるが、それもまた面白い。

自主トレのときはそんな新しいトレーニング法もいろいろ試す。多分、効果は少ない。いちばんいいのは「ＳＥＩＢＵＧＹＭ」での教科書的トレーニングをきちんと守ることだが、あれこれ自分流にあがくのも筋トレの楽しみなのだ。

ジムを変えて2ヵ所に通うのは無駄だし面倒と思うかもしれない。「ＳＥＩＢＵＧＹＭ」でパーソナルトレーニングを受けつつ、別の日に同じジムで自主トレーニングをすればいいと思うだろうが、ここは単純に気分を変えたいのだ。それにトレーナーさんの目の前で、教えられたことと違う方法を試すというのも少々気まずいではないか。

私のトレーニング回数はやや多過ぎる。通常は週に2回〜3回で十分。それ以上やっても効果はないとされている。それが守れない。多いときは週に6日ということもあった。効果がないどころかオーバートレーニングでむしろ悪影響。それでもやってしまうのはトレーニングすること自体が楽しいからである。

35 ベンチプレス

コラム　オリバー・サックスと筋トレ

　まったく違う目的の本を読んでいて、筋トレに関することが突然現れると、驚きながらも「どんなトレーニングしてるんだ」とつい読みふけってしまう。それが世界的にも著名で自分でも感動して読んだ本の著者ならなおさらだ。

　オリバー・サックスは映画『レナードの朝』の原作者として知られている。

　神経病の病院を舞台に、「眠り病」のため誰もが治療を諦めた患者たちに向き合い、周囲の反対のなかで治療を試みていく医師。やがて人間的な感情や動作すべてを失ったと思われていた主人公のレナードを皮切りに、患者たちは少しずつ生き生きとした人間性を取り戻してゆく。治療は一見成功したかのように見えた。しかし……。

　医師として勤務した著者自らの経験だ。この映画でロバート・デ・ニーロはアカデミー賞・主演男優賞にノミネートされた。

『レナードの朝』（1990年製作）

このオリバー・サックスの自伝が『道程』。460頁を超える大著のなかで、自身の覚醒剤や家族の精神病歴、同性愛について包み隠さず打ち明けている。繊細でとても美しい文章で、一気に読破してしまった。もう一点、ウキウキと読んだ場面がある。筋トレの話だ。それも普通のジムで普通にトレーニングをしたという話ではない。若き日のオリバー・サックスがトレーニングに熱中したのはサンタモニカの南に位置するマッスルビーチだ。ここはアーノルド・シュワルツェネッガーもトレーニングし、ボディビルダーの聖地と呼ばれている。筋トレの歴史のなかで最も有名な場所だ。

「フロント・スクワットは、バーベルを肩に担ぐのではなく胸の前で握るので、完璧なバランスと直立姿勢を保たなくてはならず、バック・スクワットよりはるかに難しくてやりにくいリフティングだ。……デイブが新入りの私を見てフロント・スクワットで勝負しようと挑戦してきた。……私は彼と張り合った。ディヴはそれが自分の限界だと言ったが、私は虚栄心から勢いで260(kg)に上げた。そしてその重量を——ぎりぎり——やり遂げた

『道程』(オリバー・サックス著 太田直子訳 早川書房、2015年)

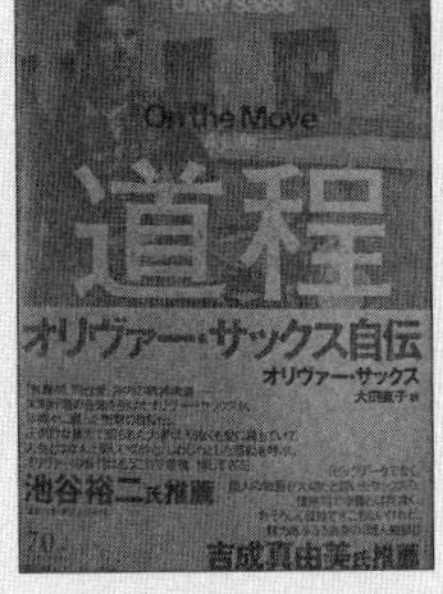

が、目が飛び出しそうだったし、頭のなかの血圧が心配だった。これで私はマッスルビーチに受け入れられ、ドクター・スクワットとあだ名をつけられた」

　お調子者だからすぐに真似をしてみた。２００kgなんてとんでもない。わずか30kg程度でも慣れないうちはバランスを取るのが難しかった。オリバー・サックス凄い！

「脳みそまで筋肉」という形容は、かつては、ムキムキ男子を揶揄する言葉だったが、筋トレがこれほど普及すると、最近では逆に褒め言葉だ。オリバー・サックスを思うと、筋肉でできた脳みそは、とても繊細で美しいかもしれない。

第2章
「変わる」ことと「変える」こと

ボディメイクとダイエットの違い

最初にダイエット[1]とボディメイクの違いを簡単に説明したい。ダイエット＝痩身が目的のとき、メインとなるのは食事管理で、運動はあくまで補助的だ。その運動も、ウォーキングやジョギングなどの有酸素運動が主体。ただし、最近では女性も普通に筋トレをやるようになって、この事情は少し変わりつつある。

これに対し筋トレによるボディメイクは、筋肥大と除脂肪＝筋肉を大きくしつつ脂肪をそぎ落とし、筋肉の細部まで美しく見せるというのが目的だ。痩せるためではなく、脂肪を落とすために食事コントロールがある。ボディメイクでは体重の増減はあまり気にしない。とはいえ、実際には筋肉を増やしつつ、脂肪は極力減らしたいので、食事もトレーニングと同じくらい重要になる。本書でも「運動編」と「食事編」と二つに分けている。

ボディメイクとは、あくまで自分の意思と力だけで自分自身を変えることを意味する。飯を食わないのも、確かに意思には違いない。だがこの結果痩せた＝変わったとしても、これを絞ったとは言いづらい。やっぱり単にやつれたと言われそうだ。どちらがいいとか、どちらが健康的かはあまり意味がない。その目的が最初から少々違うとだけ言っておきたいのだ。

1 ダイエット
筋トレにハマると女性の見方が変わって困る。見本誌で送られてくる『ヤングジャンプ』などの漫画の巻頭グラビア。可愛いアイドルの水着写真を見ても「ダ〜メだ。手も足もマッチ棒みたいじゃん。ケツなんてダラダラだし。まずスクワットとランジからだな」と、つい顔をしかめてしまう。

大事なのは「変わる」ことと「変える」ことの違い。そう「変化の意味」なのだ。

筋トレとは「盆栽」である

筋トレによるボディメイクにいちばん近いのは「盆栽づくり」ではないかと思った。ま、実際に栽培したことがないから、これはあくまで想像だけど。

明治神宮[2]では毎年、盆栽展という催しがあって、ランニング途中にたびたび覗いた。鑑賞ポイントなどまったくわからないが、頂点に輝く総理大臣賞はもちろん、上位に入賞した盆栽はまず全体のボリュームが豊かだ。筋肉もボリュームがある方がなんと言っても迫力がある。生まれ持った骨格、肉付きに左右されるのは盆栽も肉体も同じだ。

次に、細部にまで隙がない。盆栽も刈り込まれるところは奥まで1㎜の狂いもなく揃えてキチンと刈り込まれている。全体の陰影も深い。さながらミニチュアの森のように深淵だ。ちなみに筋肉のカット＝彫り込みを深くするのは減量とトレーニング次第だ。

盆栽も日に当て（そういえばコンテストビルダーも黒々と焼き上げるが、

2 明治神宮
あるとき、明治神宮をいつものように北参道から入って原宿に抜けようとしたら、警備員のオジサンが少し先に立って腕で×印を作って「ウォーク！ ウォーク！ ドントランね」と叫ぶではないか。いやいや私はどう見ても外国人じゃないでしょ。それともランニングウエアが派手だったのか。というわけでみなさん、明治神宮内は派手なカッコはいいけどランニングは禁止です。

これはカットを際立たせるため）、水や肥料を与え（ビルダーならプロテインだな）、慈しむ。

ついでに、そのこと自体には木としての（体としての）有用性は何も生まないところも似ている。盆栽は防風林のようにそこに立ちはだかって、風を防ぐわけじゃない。伐採後に建築用材として役に立つわけでもない。ボディビルダーもその筋力を実用に活かすつもりはさらさらない。

世間はそれを無駄な努力というだろうが、盆栽だって同じじゃないか。自然な木を人工的に、人の意思を持って変える。自分ひとりだけが嬉しい。役には立たぬが心は豊かにしてくれる。これぞ「無用の用」である。

ただし「ね、見て見て。この肩のところ、三角筋ってホントに3つに分かれてるでしょ」と、誰彼構わず無理矢理つかまえ、思いっきり力んで肩を見せるのはやめた方がいい。普通の人は盆栽以上にあなたの肩にはまったく興味はない。

ということで……筋トレには3つの「変化」があると思っている。以下、少し詳しく説明する。

3 Oさん親子

息子S太郎君、お父さんの還暦祝いには干支の猪を彫り込んだ特注のトレーニング用ベルトを贈った。ちなみにこれは「SEIBUGYM」特製のオリジナル。好みのデザインでオーダー注文できるが、全国的に人気で半年待ち。

「筋トレの第1の変化」は外見の変化

カットの秘密

同じジムのボディビルダー**Oさん親子**[3]が、東海地区の**ボディビルコンテスト**[4]に出場するというので応援に行ったことがある。コンテスト見学自体初めてのことだが、ボディビルの親子対決なんてなかなか見られるもんじゃない。ルールも審査基準もまったくわからない競技だったが、素人にも納得できるところはあった。このへんはまさに盆栽見学と同じだ。

上位の入賞者はやはり筋肉にボリュームがあって、その筋肉が細部までクッキリと際立って陰影が深い。よく日にも焼けて黒々としている。ポージングの動きにも余裕があり、いかにも堂々として見えるのだ。ちなみにこのときのOさん親子の対決はお父さんの方が10位、息子さん12位で、見事にオヤジの威厳（いげん）を保った。

この大会ではNさんという方が優勝した。身長も１８０㎝近くあり、筋肉のボリュームも豊かでキレもいい。素人が見ても、まぁ当然の優勝とわかるような仕上がりだ。地方都市は狭い。このときに一緒に行った若い友

4　ボディビルコンテスト
ボディビルコンテストに出場するレベルのトレーニーを「コンテストビルダー」と呼ぶ。県大会、地方大会、全国大会などがあり、出場種目も、昔ながらのボディビルからフィジーク、女性のフィットネス・ビキニなどいろいろと増えている。フィジーク（physique＝「体格」）競技は若い子に人気で、筋トレの裾野を広げた。ボディビルに比べ、大き過ぎる筋肉より逆三角形で体脂肪の少なさが評価され、下半身はほとんど審査されない。みんなウエストが超細い。顔も審査基準だってホントだろうか。

人が「あっNさんだ。昔、バイトで一緒だったことがある」というではないか。昔からマッチョだったというからトレーニング歴も長いのだろう。

このNさんとジムの駐車場で偶然すれ違った。ところが着衣では決して大きく見えないのだ。思わず振り返って人違いかと見直してしまった。遠目のステージではあれほど大きく見えたのに、むしろ痩せて見える。その理由がわからない。

実はここにカットの秘密があるとトレーナーの鈴木さんが説明してくれた。

ボディビルダーは筋肉の細部が浮き上がることで（よく言うキレですね）体に陰影が出て、体が立体的に大きく見えるという。これが服で隠されるとカットが隠れてむしろ小さく見える。女性なら、単なるおデブさんとグラマーの違いだ。同じ身長体重でも部分、部分が絞れているとグラマーで大きく、これがないとボンヤリとした体型でむしろ小さく見えるらしい。

シックスパックのキレ

この、筋肉の陰影の影響がいちばんわかりやすいのが**腹筋**[5]のシックスパックだ。筋トレといえばとりあえずシックスパックを目指すほど、最近で

5 腹筋
最近では遺伝子検査で脂肪がつきやすい部分など、各種情報がチェックできる。口の粘膜を送って2週間。「あなたは中胚葉タイプで筋肉はつきやすいですが、お腹まわりに脂肪もたまりがちなので注意しましょう」。何を言ってやがる。そんなことは1万円出さなくても、鏡を見りゃ一目瞭然だよ。

はよく知られるようになった。何しろ、本書でも担当編集G君が「せっかくですから著者もシックスパック！」と、お気軽に無茶を言ってくれたほどだ。

筋トレ情報も一般化したせいか、シックスパックは腹筋運動だけをいくらやっても割れないと、さすがに知られるようになった。腹筋はもともと割れていて、その上に乗った脂肪を落とす＝体脂肪を減らせば、腹筋は6つに割れて見えるからだ。といって、腹筋運動が不要というわけではなく、脂肪を落としつつ、腹筋そのものも肥大させた方が、より凹凸のはっきりとしたシックスパックにはなる。

私のこの時点での腹筋は……

トレーナー鈴木さんに腹筋を見せ、シックスパックへの道のりを訊いてみた。何やらカニの**ハサミのような計測器**[6]（皮下脂肪針）でヘソの横の脂肪の厚みを測ってくれる。

「16㎜。体重であと4㎏くらいは絞りたいところですね。体脂肪率で言うと最低でも10％台の前半が目標」「え〜、あと4㎏ですかぁ〜」と思わず声が出てしまう。実はこの時点ですでに本書の企画が決まり、2〜3㎏は

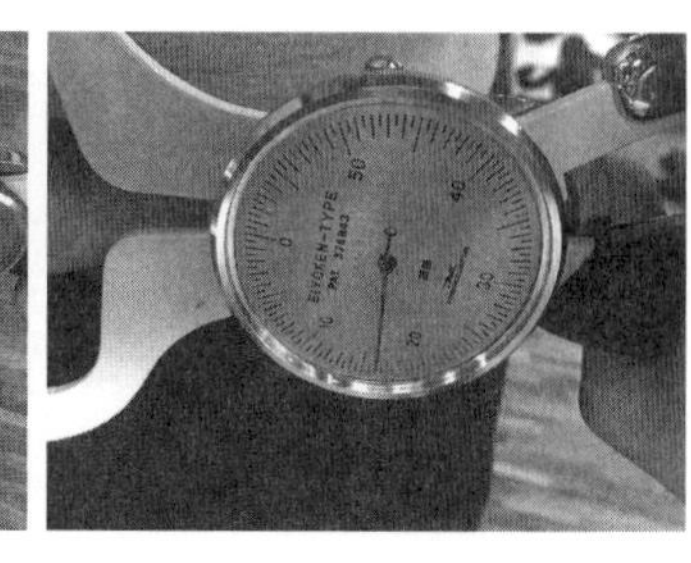

6　カニのハサミのような計測器

減量していたのだ。体脂肪率も17～18％だ。ここから４kg減量はかなりキツイなぁと思いながらも、まだノンキだった。この後まさかの泥沼地獄が待っているとは思いもしなかった。

ちなみに、コンテストビルダーはそもそもこんな機械ですら測らないという。「手の甲の皮をつまんで持ち上げてみる。おヘソの横がその位にならないと絞りが足りないです。体脂肪でいうと５％位。家庭用の体脂肪計では計測不能で数字が出ません」

このときはそんなものか、なかなか凄い世界だなとただ聞いていた。が、コンテストビルダーの体脂肪５％以下というのが、どれほどの数字なのか、後で調べて驚いた。

シックスパックはオリンピック選手を超える

他のスポーツと比べてみるとわかりやすい。「**シドニーオリンピック日本代表・候補選手の身体組成・形態計画結果**」[7]という資料がある。これによると一般的には「筋肉質で良い体をしている」と見える体操選手で体脂肪率10・5％、ＢＭＩ23・0。ガリガリに細いイメージが強い陸上遠距離・競歩の選手では体脂肪率11・6％、ＢＭＩ20・0。水泳の選手では体

7　シドニーオリンピック日本代表・候補選手の身体組成・形態計画結果

『スポーツ栄養学 科学の基礎から「なぜ？」にこたえる』（寺田新著 東京大学出版会）

8　タンニング

「日焼けは皮膚ガンの元」とも言われるが……。だからボディメイクは健康のためなんかじゃないと開き直る。肌を焼くと筋肉の陰影が深く見える。コンテストビルダーが全身脱毛するのも光の乱反射で筋肉のキレが目立たなくなるのを防ぐため。私もタンニングマシンなるものに入ってみた。

脂肪率11・6％、BMI22・0。コンテストビルダーの5％を知った後では「なんだ、みんな結構ぽっちゃりだな」と思えてしまうから不思議だ。

それにしても相手はオリンピック選手である。日本のなかのトップ・オブ・ザ・トップのアスリートですら体脂肪は10％くらいある。人間が激しく活動し、なおかつ見栄えもいい自然な限界は体脂肪率10％前後なのだろう。5％というのは人体の危険領域だ。

コンテストビルダーさんたちは、大会のある夏に向けて春から減量を始める。同時に**タンニング**[8]（日焼け）も行う。ジムの**トレーニー**[9]が少しずつ黒く細く、ついでに頬がやつれてくると梅雨が明け、夏が近いことがわかる。

体脂肪が10％を切ると人の体は免疫力が極端に落ちて風邪も引きやすくなる。体が仕上がるにしたがって人体の生存能力はギリギリまで落ちてしまうからだ。日焼けした肌は脂肪が抜けてパサパサに見える。不健康の極みである。「健康のため」などという寝言では、なかなかこの領域までは立ち入れない。

ちなみに、私の執刀医K先生も「筋トレはやり過ぎるとかえって健康に悪いよ〜。不健康だよ〜」と嬉しそうに言う。なぜ嬉しそうか。自身のや

上下に蛍光管のある横たわるタイプだったがフタを閉め忘れ、右側だけ焼けて赤くなった。ご注意を。

9 トレーニー

実は「トレーニー」という言葉には少々違和感がある。昔は「トレーニングをする人」と書いて、名詞として「トレーニー」という単語はあまり身近でなかったせいだと思う。逆に言えば、新しい単語が生まれ、普通に使われるほど、トレーニングが日常的なものになった証拠でもある。

やメタボになり始めたお腹と、健康診断結果の数値を、内心では本人も少々気にしているからに違いない。運動しなくちゃと思いつつ、忙しさに月一ゴルフが精一杯。だから一緒にジムに行こうと誘ってるのに！

トレーニーの4部族

どんなジムのトレーニーさんたちも、大きく何パターンかに分かれる。まず、私のように「とりあえず、なんとなく」派だ。多分、これが全体の8割を占める。漠然としたダイエットとか健康維持より、もう少しだけ積極的に体を鍛えたいという人たちだが、はっきりとした目的はない。他に運動をやっていてその基礎体力アップのために通う人もいる。最初の入り口はみんなこのあたりだったと思う。しかし筋肉の世界、その先にもさまざまな広がりを持っている。

ボディビルダーは美しいシェイプのためにトレーニングをしているので、「とりあえず、なんとなく派」よりトレーニング経験も長く、一目見て鍛えているとわかる体型だ。ただし、コンテストなど、期日までに体を絞る必要がないのでキレた感じはまだない。海外ではこれを「ジム・ビルダー」などと呼ぶこともある。それでも夏に向け、**Tシャツ**[10]の似合う体に

10　Tシャツ
筋トレ初心者は常にワンサイズ小さめのTシャツを選ぶ。これなら嫌でも筋肉でパツンパツンに見える。コンテストビルダーになると広過ぎる肩と胸、細過ぎる腰、太過ぎる脚のため着られる服がそもそも限られる。ちなみに初心者は記念写真を撮るとき、カメラに近いほど筋肉が大きく写るので何気ない笑顔を浮かべつつ必死に力んでジリジリとカメラに迫る。

しようとタンニングや減量も頑張る。

コンテストビルダーはこの先に位置する。1年間を夏のコンテスト時期を境に**増量期**[11]と減量期に分けて生きている。増量期には食事も無制限に摂ってできるだけバーベルの重量も上げ、筋肉を作る。純粋に筋肉だけを増やすことはできないので脂肪も自然と増える。ちょっと見では、ただのおデブにさえ見える人もいる。

減量期になると一転、筋肉は残しつつ脂肪は極限まで削り取る。トレーニングを続ける一方、厳しい食事制限をして大会の日程に合わせて体を仕上げるわけだ。コンテストビルダーと普通のトレーニーの違いは何か。人生における筋肉の意味合いだ。普通の人は生活のために筋力をつけたり、見栄えのためにトレーニングをするが、コンテストビルダーは美しい筋肉だけのために生活のすべてを注ぎ込む。普通これを本末転倒という。自分がやるのは無理だが、私、こういう過激な本末転倒は大好きだ。

というわけでほぼ3ヵ月、本書の原稿を書き上げるまでに腹筋を割らねばならぬ私も、腹筋だけコンテストビルダーということになる。

他に筋力アップだけを目的にするパワー系の人たちもいる。競技を目指すパワービルダーもいれば、大会には出ないが、日々、挙上重量だけを増

11 増量期

実はこの増量期の筋量アップ（バルクアップ）も、昔は「ダーティバルク」（ただ量を食べる）でガシガシとトレーニングをしていたが、最近では「クリーンバルク」（炭水化物とタンパク質は摂り脂質は抑えて増量）とか「リーンバルク」（カロリー計算を行い、脂肪をつけないように増量）とか、食べるものやカロリーコントロールにも気をつかう。あまり極端な増量もしない。減量に苦労するし、高齢者の場合など、急激な減量はどうしても皮が余ったりもするからだ。

すためにトレーニングに励む人もいる。こういう人たちは基本、体重や体型はあまり気にしない。

還暦コンテストビルダー

先にも少し触れたコンテストビルダーのOさん（60）もトレーニング歴は30年近い。が、入り口はやはり健康管理のために通った普通の総合的なジムだったという。私も経験あるが、こういうジムで筋トレに本気を出すと、少々周りから浮いてしまう。Oさんも「ＳＥＩＢＵＧＹＭ」に移ってからコンテストに目が向くようになった。コンテスト出場経験も長い。この春に会社を還暦で定年退職してからは「60歳以上級」のクラスに焦点を絞って生活のすべてがトレーニング中心だ。

ちなみにボディビル全国大会の日本マスターズ選手権年齢別クラスは以下のように分かれている。40歳以上級、50歳以上級（70kg以下級と70kg超級）、60歳以上級、65歳以上級、70歳以上級、75歳以上級、80歳以上級（参考クラス）。

Oさんの現在のトレーニングは「ダブルスプリット」。午前中と午後に細かく部位を分けて鍛える方法だ。エネルギー切れを防ぎ、集中力を高め

Oさん親子

コンテストビルダーOさん

たトレーニングが可能になる。かのアーノルド・シュワルツェネッガーが1日2回トレーニングをして「ダブルスプリット」が世界に知られるようになった。

Oさんとは昨年くらいまでは、大会直前まで一緒にワインなど飲んでいたが「ダブルスプリット」で追い込む今年は、さすがにそんな声もかけにくい。

なぜコンテストを目指すのか、**あらためて訊いてみた**。[12] Oさんの美意識と人柄がよく出ているので、メールの文章をそのまま載せる。

「自分は筋トレやボディビルってスポーツや体育会系のジャンルとは少し違うと思っています。彫刻家や陶芸家が自分の体を素材に理想の形を追い求め作り上げていくような感じですかね。だから、肉体は作品でありコンテストは現時点での自分の最高傑作を発表する展示会なんです、もちろん賞レースでもありますが。スポーツ選手は歳がくれば競技者として引退がありますが、芸術家は一生、探求者であり夢追い人でいられます。いくつになっても発表の場は用意されていますし、ジムだって今ではどこにでもあります。トレーニングは歳なんて関係なくいつ始めてもいいんです。そして作品は発表しないと（笑）」

12 あらためて訊いてみた
あれだけ絞ってまだ鍛えるところがあるのかOさんに訊いてみた。「漫然とトレーニングをするのではなく、筋肉の小さな違い、たとえば肩の三角筋なら前、横、後とトレーニングを狭く、深くしていくと鍛えられる筋肉はたくさんあります」。納得です。

還暦パワーリフター

パワーリフターのAさんは現在61歳。段位5段という記録を30代の後半で達成したが、この記録はH市でも数人しかいないという。この段位認定は、かつて早稲田ダンベル倶楽部のボディビルダーで指導者でもある窪田登(みのる)氏によって提唱された認定競技で、通常の**パワー・リフティング**[13]と違うのは各種目の挙上回数が10回というところだ。種目もベンチプレス、デッドリフトに加え**フロントプレス**[14]もあって、これがいちばん難しいという。

ちなみに段位ごとの重量はP67の表の通り。とりあえず目標とするウエイトがあると励みにはなる。確かに日頃トレーニングをしたことのないフロントプレスは難しそうだ。

パワーリフトの魅力とは何か。

「パワーリフトは記録がはっきりと眼に見えるのがいい」とAさんは言う。

これは私などでもわかる。筋肉のキレには主観が入るが挙上重量はいつだって客観的だ。少しずつ重いウエイトを扱えるようになることは素朴に嬉しい。歳をとると忘れてしまう、こういう素朴な喜びがあることが還暦筋トレの魅力でもある。昔、ボルドーワイン好きのこのAさんに、サプリは何を摂っているかとグラスを傾けつつ訊いたことがある。

13 パワー・リフティング
通常のパワー・リフティング競技はベンチプレス、デッドリフト、スクワットの3種目、各1回の挙上ウエイトの合計得点で競われる。

14 フロントプレス
肩・広背筋を鍛えるショルダープレスの一種。バーベルを身体の前、肩の位置で構え、腕を伸ばして挙上する。かなりキツイ。

パワーリフターAさん

「サプリ？　全然摂らないよ。プロテインも飲まない。そもそもサプリが必要なほどトレーニングで追い込んでいるかどうか。本当はそっちの方が大事じゃないのかな」と、笑われた。パワーリフターは、ボディビルダーほど見た目の厳密な減量を必要としないためとはいえ、多くの軟弱トレーニーは返す言葉もないはずだ。

Aさんは、仕事が忙しく、ジム通いもなかなかできなかったが還暦退職をきっかけにトレーニングを再開した。そのウエイトを聞いて驚いた。「全然ダメ。ベンチ１００kg、スクワット１２０kg、デッド１４０kg位かな。１回の記録だし」。いえいえそれだけ上がれば十分です。いわば還暦をきっかけに「戻ってきたパワーリフター」であるAさんだが、思いのほか筋力というものは低下しないようだ。しかし「オーバートレーニング？毎日トレーニングしても感じたことないけど」と笑うから、ただ単に元々の体力が違うのかもしれない。真似していいのか、真似しない方がいいのか悩むところだ。

還暦ベンチプレッサー

パワーリフターのなかでも特にベンチプレス競技だけに特化したトレー

段位認定表
（単位はkg　各10回）

	フロントプレス	ベンチプレス	デッドリフト
1級	30	40	60
初段	40	60	80
2段	50	75	100
3段	60	90	120
4段	70	105	140
5段	80	120	160
6段	90	135	180
7段	100	150	200
8段	110	165	220

ニーを「ベンチプレッサー」と呼ぶ。多くのトレーニーに「種目は何が好きですか?」と訊けば、ベンチプレスと答えるはずだ。私もそうだ。多分、スクワットほど苦しくはなく、デッドリフトより目の前にしたバーベルと「戦っている」気分が味わえるからだろう。いちばん楽しいトレーニングだ。しかし、これを専門とするベンチプレッサーにとっては、もっとずっと繊細で知的な競技のようだ。

ベンチプレッサーのNさんは現在67歳。競技歴は30年以上と長い。県大会などでは150〜160kgを上げて優勝してきたが、還暦を過ぎて全国大会のシニアクラスに出場するようになってからも、記録が伸びたというから驚きだ。

「でもバーの上に虫1匹とまっても上がらなくなります」という。

無論、虫の重さではなく、1回だけ上げるその瞬間に集中力を張り詰めているということだろう。練習方法もボディビルダーとは違ってセット数はあまりこなさない。休憩を長く取り、重いウエイトを4、5回だけ上げるのが基本だ。

「フォームが悪い人が多いですね。正しいフォームで正確に上げること。若いと高重量でも勢いで上げられますけど、それでは50代、60代になると

ベンチプレッサーNさん

続けられませんから。ベンチプレスは筋肉以上に脳を使う知的な競技なんです」

実はNさん、63歳のときに急性心筋梗塞で倒れ、2回の手術を受けている。体重は一気に17〜18kgも落ちたが、それでも退院した翌日には練習を再開して医師を驚かせた。現在は心拍計で心拍が上がり過ぎないよう注意しながら練習を続けている。心臓に負担をかけぬように、という重さが80〜90kg。十分過ぎるほど凄いけど……。ベンチプレスのいちばんの楽しみは何ですかと訊いた。「若さを取り戻す喜び」と答えてくれた。多分、ベンチプレスが心筋梗塞に打ち克つ体を作った、そして再びベンチ台でバーベルに向かう気力を養ってくれたと、心から実感しているのだろう。

ちなみにベンチプレス競技は判定の基準が細かく、そのルールもたびたび変更されることで有名だ。以下、基本的な流れだけ紹介しておく。

バーベルをラックから外し保持する。主審の「スタート」の合図を待ってバーベルを胸につける。「プレス」の合図で差し上げ「ラック」の合図を聞いてバーベルをラックに戻す。主審が声をかけるタイミングが人によっていろいろで難しいという。高重量なだけに、腕を上下するわずかなストロークのなかにも、全身を使った繊細な動きが要求される。

いろいろなトレーニーと競技を紹介した。筋肉は盆栽と言いつつ、ただ美しさを競うだけではない。パワー系に向いている人もいるだろう。日々少しずつ力が増していくことを実感できるのはいくつになっても楽しい。

「筋トレの第2の変化」は力の変化

懸垂(けんすい)の壁

とりあえず、あなたの現時点での筋力と体重の過不足を見るいちばん簡単な方法がある。ジムもトレーニングギアもバーベルも要らない。どこか近くの公園に行って鉄棒にぶら下がって**懸垂**[15]をしてみることだ。海外では屋外でのトレーニング自体が「ストリート・ワークアウト」として確立している。鉄棒ひとつでも立派なトレーニングマシンになり得る。

中学・高校の体力測定を思い出してみよう。昭和の時代、高校生の男子なら、運動部でなくても、10回程度はなんとかこなせた。クラスに1割ほ

15 懸垂

懸垂(チンニング)は背中の広背筋、大円筋、脊柱起立筋はもちろん、上腕二頭筋も鍛えられる。問題は負荷=体重が変えられないこと。そこで最近はゴムチューブを足にかけ体を引き上げている。太さによって強度が変えられるのでセットごとに太くする。これで補助力が増す。

どはまったく上がらないヤツがいて、心のなかで「ガリ勉が、ざまぁねぇや」と笑って溜飲(りゅういん)を下げた。ちなみに女子は斜め懸垂だった。

さて、私の場合はどうか。ランニング途中の公園でぶら下がってみた。動かない！　ピクリとも動かない。還暦過ぎたお前が、10代の頃と比べる方が悪いというだろうが、いくらなんでも1回くらいできるだろうと思っていた。それどころか手に豆ができてぶら下がることすらできない。で、まず体操の**鉄棒用グローブ**[16]を買った（どんなときでも道具に頼るから）。革製で指を通す穴と、手のヒラの部分に鉄棒を引っかけるための細い棒が組み込まれている。これなら握力不足もなんとかなりそうだ。鉄棒のとなりに懐かしい雲梯(うんてい)があったので、これでまず鉄棒に慣れてみるかと両手でぶら下がる。片手を離して体を振って次の手を……と、たちまち落下。どうやっても次の横棒がつかめないのだ。

ようやく気づいた。懸垂で大事なのは車でいうところのパワーウエイトレシオ。エンジン出力と車重の比率。つまり筋力より体重の軽さなのだ。ちなみにトレーナー鈴木さんに訊いたところ、懸垂ができるためには**ラットプルダウン**[17]なら体重マイナス10kg。つまり私なら60kgで10回を余裕で引けるようになると、なんとか懸垂ができる計算になるそうだ。

16 鉄棒用グローブ

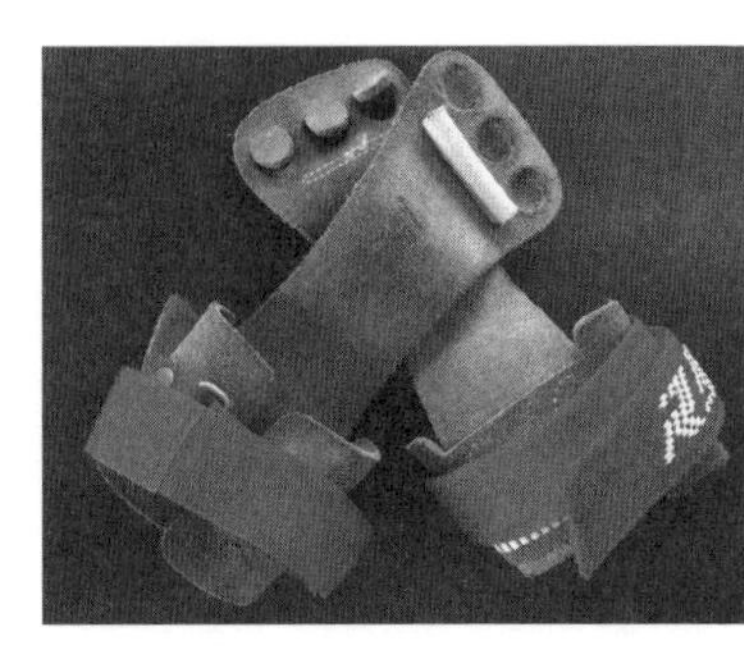

17 ラットプルダウン
頭上のバーを胸まで引き下げる広背筋のための代表的なマシン。

ワタシは不審者か！

しかしこの公園懸垂。たまに問題も起こる。知り合いの若いバーテンダー君に私が鉄棒と格闘している姿を見られたようで「こないだ公園の近くを散歩していましたよね」と言われた。散歩じゃない！　サポートタイツ[18]はいて散歩するヤツがどこにいる！

バーテンダー君、少々言いづらそうに続ける。

「でも城さん、公園って小さい子どもさんもいたりしますから……」

「なんのこと？」

「いや、不審者がいるって警察に通報されたりとか。……気をつけた方が」

鉄棒であがく私は不審者か！　と怒ったふりをしつつ、以後、公園懸垂をするときはついあたりを見回してしまう。これがスッスと軽々と懸垂できりゃ誰も怪しい眼で私を見ないのになぁと、嘆かわしい。

ちなみにこの懸垂だが、最近、逆手懸垂ならなんとか自宅の懸垂バーでできるようになって喜んだ。ところがジムだとできない。悩んだ。バーの太さの問題じゃないのかとか、トレーニングの最初にやらないから筋疲労しているせいじゃないかとか。で、ある日ハタと気づいた。

自宅の懸垂バーにつかまると、足は当然床に着いている。ここから体を

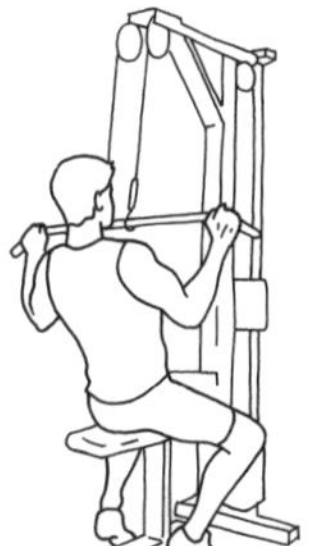

18 サポートタイツ
履くことで筋肉に少し圧力をかけ、テーピングの効果で筋疲労や関節を保護するためのタイツ。ランニング時の膝関節痛の予防に履いている。意外に効果はあると思う。夏用に膝下サイズもある。が、やっぱり真夏は暑いし薄過ぎるものは効果も怪しくなるので悩みどころ。

持ち上げるのと、ジムで完全にぶら下がった状態から体を持ち上げるのでは、距離にして10〜20㎝。肘の角度でいうならすでに30度ほど曲がった状態から引き上げることになる。「懸垂できた！」はぬか喜びであった。

しかしこのことで、意外な発見もあった。

還暦という言い訳はやめよう

筋トレのいちばんいいところは、多分この「ぬか喜び」を認めないところなのだ。筋トレには心理的なのか物理的なのか、誰もが経験するいろいろな重さの**壁**[19]がある。ベンチプレスが最も顕著だ（だからこそいちばん好まれるのだろう）。

初心者の最初の壁は自体重と同じ重さではないだろうか。ちなみにワタシ、大昔から自体重が上げられなくなったら、一切の悪行から縁を切ると、周囲に宣言してきた。宣言通り1回だけだが、自体重はいつ、どんな体重の時代も上げられると思っていた。ところが正しいフォームでキチンとシャフトを胸につけ、反動を使わず尻も浮かせず上げるとなると、この1回がなかなかできていないことがわかった。なんだ、今まではただ誤魔化していたのかと、これはかなりショックであった。

19 壁
自体重の次の壁が3桁＝100㎏というのが、みんなが目標にする重さのようだ。ただし誰かの「100㎏上げられる」という言葉は簡単に信じてはいけない。私ですらスミスマシンでフォームを問わなければ、ずっと80㎏は上げられると思っていた。大事なのは、重量よりもフォーム。

還暦である。60年生きてきたのである。その結果の今である。自分自身を偽ってもしかたない。必要なのは、誤魔化さずこれを直視するということだ。そこまではいい。しかし、だからといって、ベンチプレスが小学生並みに30kg、40kgしか上がらなくてもいいじゃないか……とはとても思えない。ムラムラと腹が立った。

「足るを知る」[20]ことは確かに大事なことだろう。金だ、名誉だ、オネーサンにまだモテたいなんてことならすっぱりと忘れよう。だがベンチプレスで自体重が上がらないのは許せない。意味は少々違うが、自立とは自ら立つことだ。己の体重すら己で差し上げられなくなったら、男としてだらしなさ過ぎる。と、なぜか急にマッチョに目覚める。しかし思わないか。力がないのは還暦だからじゃない、筋力が不足しているだけなのだ。そして気づく。還暦ごときは言い訳にはならない。

やれば誰でもできる努力を怠ける自分がいるだけなのだと。

20 「足るを知る」
よく知られたこの老子の言葉には続きがある。「強行者有志（強めて行なう者は志あり）」。「努力を続ける人間はそれだけで既に目的を果たしている」という意味。しみじみと筋トレ向きのお言葉。

「筋トレの第3の変化」は内面の変化

「ひとりSMショー」という魅力

ここまでで筋トレには「外見の変化」「力の変化」の二つがあると述べた。これは普通に言われることだ。しかし実はこれ以外にも、もうひとつ筋トレには人を惹きつけてやまぬ理由がある。私を含めた還暦トレーニーにとってはこれがいちばん重要だと思う。

つくづく筋トレというのは「ひとりSMショー」だなと思ってしまう。ムチを持った悪魔が「オラオラ、なにをチンタラ**やっとンねん**[21]。気合い入れてもう一発持ち上げンかい!」。すると天使が「お許しくださいご主人さま。もう無理、これ以上は1㎜だって上がりません」と泣き叫ぶ。

ふざけているようで、誰もがきっとバーベルを握りなら、心のなかではそんな葛藤を繰り返している。大事なのはこれを強制されてやっているわけではなく、自ら望んだ「SMショー」だということだ。それもこれも、相手にしているのが物言わぬ鉄塊だからできること。バーベルにもし人の心が読めたら、恥ずかしくて誰も筋トレなどできない。このとき、大事な

21 やっとンねん
インチキ関西弁ですみません。これは昔から大阪が大好きなだけで悪気はない。

22 「諦める」
もともとは仏教用語。「諦」は真理を意味していた。少年漫画で「諦めなければ、負けじゃない!」は、よくあるセリフだが、これは少年漫画だから許されること。還暦トレーニーには精神科医で作家の斉藤茂太先生の言葉を贈りたい。「『あきらめない』ことで、とかく人にふりまわされる。『あきらめる』ことで自分らしい、マイペースの生き方ができるようになる」

ことがある。

「諦める」[22]という言葉の元々の意味をご存じだろうか。「諦める」は「明らかに見る」が始まりだった。

筋トレで、もし諦めないと、つまり自分の実力を明らかに見ないと、どうなるか。総合型のジムに行っていた頃だ。ベンチプレスのウォームアップ。最初はシャフトだけを10回上げて、2回目は40kgを3回、3回目は50kgを1回。快調だった。ここで一発だけ65kgを上げておくと本番の60kg10回が楽になる。要は「今日は余裕だ」と脳が勘違いするわけだ。

ラックからシャフトをはずし、ゆっくりと下げていく。胸につけて上げようとしたら、アレレ上がらない。**セーフティーバー**[23]はあるからそれ以上に下がって喉に落ち大事故とはならない。とはいえ、シャフトとベンチの間に胸は挟まれ、上半身身動きもならない。ヤバイ!

ズルズルと上体をずらし逃げようかと思ったそのときだ、隣でダンベルカールをやっていた見ず知らずのご老人が、私の頭の後ろに回ってシャフトをヒョイと握って補助し、ラックにバーベルを戻しながら笑って言った。

「無理にでも追い込まなきゃダメだし、追い込み過ぎると潰れるし、筋トレは難しいよねぇ」

(『あきらめ力――「あきらめた」とき、新しい人生が開ける』斉藤茂太著 新講社)

23 セーフティーバー

ベンチプレスでもスクワットでも、それ以上バーベルが落ちないように、あるいは落ちても身体を保護するバーを両脇に必ずセットする。これが高過ぎるとシャフトが胸まで降りる前に当たってしまうし、低過ぎるとバーとしての効果がなくなる。シャフトだけを持ち、胸を反らせてギリギリ胸に触れる高さに。横着をして前の人が使っていた高さで行うと、力尽きたときに挟まれて危険だ。

はい。おっしゃるとおりです。過信はすべての誤りのもと。恥ずかしい限りです。ついでにアナタを年寄りと侮（あなど）った我が身の不遜（ふそん）をお許しください。

バーベルのシャフトを握りながら見えてくるのは、実は自分自身の根性のなさ、頑張りのきかない甘えた性格、それをちょっと誤魔化すインチキな生き方。そのくせ自分にも周りにも見栄を張りたい（だから少しだけ実力以上のウエイトを持って潰れる）どうしょうもない自分だ。

大げさにいうなら自分の内面が現れる。大事なのは、自分自身に諦めをつけることなのだ。誤魔化さずに諦めをつけた上で、今ある自分の実力から常にスタートする。バーベルを前に人は嘘をつけない。上げられるか、上げられないか。その二つしかない。あと1回が粘れるか粘れないか、そのどちらかしかない。つまり正直にならざるを得ないのだ。

筋トレのあとの**不思議な爽快感**[24]は、神の前で小さな懺悔（ざんげ）をした罪人の清々しさと似ている。これが、本書の冒頭に述べた「心の力」だ。

24 不思議な爽快感　ランニングに「ランニング・ハイ」があるように筋トレにも「ゾーン」に入ったように感じるときがある。集中力と感覚の鋭さ、時間の停止感。これはきっと脳に怪しいホルモンが分泌されているために違いない。

「眼・歯・マラ」と衰えて……

40代くらいまでは人生拡大路線だ。仕事であれ恋愛であれ、次々新しいことが起こり、その新しいことにもあえて挑戦したくなる。仕事で認められたい、金も稼ぎたい。夢にも野心にも勢いがある。自分が世界を変えることも可能と思えてくる。しかし、空に勢いよく投げたボールも、やがては力を失いゆっくりと落下していく。歳をとると変化は向こうから、外から勝手にやってくる。それもほとんどが望まぬことばかりだ。気づけば**「眼・歯・マラ」**[25]と順調に衰えてくる。冷静に考えれば、なっても不思議はないくせに、自分がガンになるとは思ってもいなかった。こいつも勝手にやってきた。

最近のいちばんの驚きは、朝、6時とかに勝手に目が覚めてしまうことだ。昔は目覚まし時計2個3個がどれほど鳴り続けても起きなかったのが、6時間も寝るともう目が覚めてしまう。「いやぁ〜、話には聞いていたけど、これがジジイになるということか」と、むしろ感心してしまった。

仕事でも、少しずつズレが生まれる。自分がかつて学び、経験したやり方とは違った方法が主流になってくる。これに技術的な変化が加わるから、日々確実に取り残される。こんな言葉すらある。**「老人にとって新しいことはたいてい悪い知らせ**[26]**」**

夢を語り、つま先立って背伸びをして自分を大きく見せ、その背伸びに

25「眼・歯・マラ」
昔、原稿に「眼・歯・マラ」と書いたら若い女性編集者に「マラって何ですか」と訊かれた。仮にも出版なんてヤクザな職場を選んだんだから、このくらいの単語を知らないはずはない。オヤジをからかってんの？　と、思ったが顔を見れば真顔である。しかたないので説明した。「それはね、魔羅と書いて仏教修行を妨げ、人の心を惑わすものという意味ね。ま、別の意味もあるけど。そっちは自分で調べてね」

追いつこうと頑張るのは若さの特権だ。漫画の主人公に求められるものを見ればわかる。世の中を拗ね、斜に構える者はサブキャラにはなれても絶対に主人公にはなれない。真っ直ぐにキラキラと夢に向かって突き進む強さに読者は惹かれるのだ。だからこそ、ある日ふと気づく。「そうか、自分はもうドラマのなかでは主人公ではないのか」と。歳をとるとは、人生という舞台のなかで少しずつ中心から外れていくことなのかと。

しかし、筋トレを始めて気づいたことがある。

主人公だけじゃドラマは成り立たないという当たり前の話だ。主人公なら１００kg、２００kg、いや、漫画なら突然現れ、３００kgのバーベルを軽々と差し上げるだろう。でも、その横で、コツコツとわずか60kgのバーベルと戦うオヤジがいるから、挫折した主人公が再び戦う勇気を取り戻す(ちなみにこういう主人公の挫折と復活というのは『キャプテン』から『スラムダンク』までスポーツ漫画の王道です)。

仕事の場では自分が若い新人漫画家さんにさんざん言ってきたことではなかったか。

「通行人ってキャラはいないんだからネ」

どういうことか。漫画家さんは主人公やその周りのキャラは思いを込め

26 「老人にとって新しいことはたいてい悪い知らせ」

『魂の錬金術 エリック・ホッファー全アフォリズム集』(中本義彦訳 作品社)。このエリック・ホッファーとヘンリー・ミラーが高校生の頃の私の愛読書でもあった。という話を若い担当編集君たちに言うと「それって誰ですか?」と訊かれる。作家は死ぬと作品ごと忘れられ、画家は死んでようやく作品に値段がつく。と、このときの驚きをもとに何度もセリフに使った。

て描く。でも背景の一部である通行人は風景であるかのように流して描く。漫画の作法としては当然のことだが、実際の人生には**通行人というキャラ**[27]はいない。すべてのキャラクターがおのおの人生を主人公として生きている。この意味でベンチプレスを60 kgで戦うショボいオヤジもまた主人公であっていい。

そもそも、思い返せば若い頃はそれほど素晴らしかったのか。勢いはあったがそのぶん、悩みも苦しみも多くなかったか。若い頃といえば、こんなこともあった。ついでに昔話。

若いIT系君たちが筋トレにハマる理由

20年以上前のことだ。今ほどワインも定着していなかったから、素人なのにワインスクールに通う人は少し変わり者だった。趣味でソムリエ資格を目指したり、フランスのワイン畑を旅行したり、クリスティーズでボトルを落札したりと、ちょっと金に余裕のあるワインオタクが多かった（その極端なキャラクターは漫画でも面白おかしく、さんざん使わせてもらったけど）。

そんなワインスクールに通っている頃、講義が終わって、何人かで飲み

27 **通行人というキャラ** 要は、そのことだけは忘れずに手を抜かずに背景も描けよというオヤジ原作家の説教だ。

会に行ったときのことだ。ニューヨークに本社がある外資系金融会社に勤めている20代後半の若い男の子が、私がワイン漫画の原作を書いていると知って、開口いちばんこう訊いてきた。

「年収いくらですか？」

「はっ？」と、思わず何かの聞き間違いかと思ったが、そうでもないらしい。

「おいガキ。ニューヨークじゃ知らねぇが、日本じゃ初対面の年長者にそういう失礼なことを訊くバカは、躾（しつけ）のためにケツを蹴飛ばしていいことになってンだぜ」と、啖呵（たんか）を切りたかったが、実際は「いや、そんな、とても人様にいえるような額じゃ……」と、ウニャウニャと誤魔化した。それにしても、日本の青少年は、いつからこれほど礼儀知らずのおバカになったのかと、オジサンは呆れてしまったもんだ。

逆に言うなら、20年前はまだ、若くして大金を稼ぐことを若者が何の迷いも不安もなく、鼻息荒く**自慢ができた**[28]のだ。それが「成功」と素直に信じられたのだろう。

あれから20年、似たようなワイン会でやはり海外生活をしている若いIT系起業家の男の子と飲んだ。そこに20年の歳月を感じてしまった。

28 自慢ができた でも、その後のリーマンショックできっとアイツは飛んだね、と内心ウフフとオジサンは思ったけど。

20年前の失礼な若者と大違いで、このエリート君、礼儀正しくいつも**笑顔を絶やさない**[29]。何より目を引いたのがシャツの上からも目立つその大胸筋だった。前腕に浮き上がる血管を見ても体脂肪率も10％前後だろう。オヤジのように意識してしっかり骨盤を立て、頑張って腹筋を引き締めて座ってないとお腹がたるんで見えるなんてこともない。

ワインの話などどうでもいい。「トレーニングは**三分割**[30]？　プロテインは日に何回？　やっぱりアメリカでも胸肉とブロッコリーが主食なの？」と、オヤジの初心者筋トレ話に迷惑顔もせず、ちゃんと余裕の笑顔で付き合ってくれる。いい奴だ。

多民族国家のアメリカだと、見た目そのものがビジネスツールの大事な一部になるという。きちんと体を鍛えてないと自己管理ができないとみなされ、信用されないそうだ。だからみんな中学生くらいから日常生活に筋トレがある。おやおや大変だ。才能と優しささえあれば、どんなおデブでも正当に評価したいオジサンとしては、それはそれで少々面倒だなと思ってしまった。でも、この若き成功者の彼が筋トレに熱中するのは、それだけの理由ではないだろうなとも気づいていた。

なぜ最近の若いエリート君たちは揃って筋トレにハマるのか。それは若

29 笑顔を絶やさない
その歯は、ちょっとやりすぎのホワイトニング。口角を上げた微笑みも多分、鏡の前のトレーニングの成果だなと意地悪なオジサンはすぐ見抜いたけど。

30 三分割
最近は三分割ではなく、「胸・上腕二頭筋」「背中・上腕三頭筋」「下半身・腹筋」に「肩」を加えて四分割。ちなみに「肩」の筋肉は下半身についで2番目に大きな筋肉だという。

いエリート君だけではなかった。

フェラーリは金で買えるが筋肉は買えない

自宅のある表参道あたりは日本有数のお調子者の街だから、道行く人のカッコも変わっている。若いお嬢さんがブランド品の洋服に身を包んで、同じくブランド屋に入っていくのはまぁ不思議はない。しかし、若い男の子も頭の上から足下まで「いったいそんな服はどこで売ってるの？　その髪型はどうやって美容師に説明したの？」と、オジサンが思わず訊きたくなるほど奇妙なカッコをしている。奇妙だが違和感がなく街に溶け込んでいるのは、街がガブガブと奇妙を飲み込み続けては拡大してきたからに違いない。

しかし自宅のある路地から1本裏道。異形に慣れた私でも、思わず振り返って2度見したオジサンがいた。オジサンといっても私と同じ歳か少し上だ。

肩まで伸びた白髪にストローのパナマ帽。顎に伸ばした髭（ひげ）も白い。夏だからTシャツの上にはシアサッカー、和服で言うシジラ織りの涼しげなジャケット。パンツはバミューダショーツで足下は革サンダル。よく日に焼

31　フェラーリ

あるときネットを使って海外で日本語を学ぶシステムを運営している会社から取材申し込みがあった。日本文化のなかでも漫画は人気だ。「漫画の原作家になってよかったことは何ですか？」と訊かれた。取材記者が知り合いの女性だったので「フェラーリをキャッシュで買えること」とふざけた。記事は世界中に配信されたが、英語だし「バ〜カな原作家」と思われてもいいや、誰も読まないだろうしと気にしなかった。が「天網恢々疎にして漏らさず」。この取材の英文を明治大学の入試に使いたいと

けたその顔にはペルソールのサングラス。サングラス以外のブランドにまったく知識はないが、なかなかお高そうだ。

しかし何より眼をひいたのはその大腿四頭筋。外側はラグビーボールのように楕円に膨(ふく)らみ、内側の膝上はソフトボールでも入れているのかという位に丸くもっこりと膨らんでいる。バミューダショーツの裾がはち切れそうだ。筋トレに興味のない人が見れば、「キモい〜」と言われるレベルかもしれない。でも思わず声をかけたくなる。「太もも、凄いですねぇ〜」。そのあと聞きたくなる。「ところでお父さん、アンタはいったい何者なの？」――。

「顕示(けんじ)的消費」という言葉がある。必要性や実用性ではなく、周囲からの羨望(せんぼう)のための消費行動で、ブランド消費ともいう。簡単に言うなら誰かに見せびらかすための消費だ。これが行き着くと、最後に残るのは自分自身の肉体の見せびらかしだ。なぜなら、**フェラーリ**[31]なら金で買えるが、あの大腿四頭筋はどこのブランド屋に行っても売ってない。何千回、何万回と重さに耐えねば得られないからだ。「あれだけ鍛えていれば見せびらかしたくなるお父さんの気持ちも無理ないよなぁ」と、正直かなりうらやましい。

連絡があった。かくて2016年度・明治大学国際日本学部・一般選抜入学試験の英語穴埋め問題に「comic story writer」とか「Ferrari」とか「sommelier」「bartender」とか、およそ入試では見ない単語が並んだ。受験生諸君はさぞや面食らったろう。この問題をクリアして入学したあなた。もしどこかのバーで隣り合わせたら、声をかけてくれ。オジサンがお詫びに1杯ご馳走しよう。

「身体という限界」

なぜ若きIT系起業家君が、そして表参道を歩く怪しいお父さんが、筋トレに励むのか。合気道家でフランス哲学者の内田樹（たつる）先生のこんな文章を見つけて、少し納得した。

「ふつうの消費行動は『誇示型』と『享受型』の両方の性質を備えている。フェラーリでアウトバーンを疾駆（しっく）するのは、半ば誇示的で、半ば享受的である。スカラ座のバルコニーでオペラを鑑賞するのは、半ば誇示的で、半ば享受的である。

しかし、享受的消費は「身体という限界」を有している。どれほどの美食でも一日に五食も食えば、身体を壊す。フェラーリを運転できるのも最大一日24時間までである。ぶっつづけで運転してもよいが、遠からず過労死するであろう。どれほど衣装道楽でも、着られるのは一度に一着だけである。一度に二着着ると『百年目』の番頭さんみたいになる。実体経済というのは、「身体という限界」の範囲内でなされる消費活動をベースにした経済活動のことである。実体経済が空洞化しているというのは、消費活動における「身体という限界」の規制力が弱まっているということである」（ブログ「内田樹の研究室」2008-02-12より）

32 過去の遺物
たとえば、ものを作って売るよりも、ただ、ものを売る場＝プラットホームをネット上に構築した方が圧倒的に情報も利益も集約できる。たとえばAmazonのように。

33 断捨離
といっても、これを素晴らしいとは私は全然思わない。これはこれで違ったタイプのビョーキだねと思っている。

34 サロン
「S」をデザインしたエチケットで有名な高級シャンパーニュ。私、シャンパー

デジタルな記号のなかで金を稼ぐＩＴ系の若いエリート君たちにとって、モノと金が実際に動く実体経済なんて、利益効率の悪い**過去の遺物**[32]だ。そんな世界のなかでは、仮にフェラーリですらすでに欲望をかき立てられない。だからこそ最近では、得ることより捨てること＝**断捨離**[33]の方が知的そうに見えるくらいだ。

そして内田先生のこの文章から10年が経っての筋トレブームである。こんな時代のなかで、身体が外に向かおうとすれば確かに限界がある。結果、１００着のブランド品のジャケットも、三つ星レストランで開ける１００本の「**サロン**[34]」も、ジムで流す汗と１杯のプロテインにかなわない。なぜなら、自分の肉体とは、最後に残された唯一の秘境だからだ。ここには今まで経験したことのない発見の旅がある。逆説的だが、その旅には「身体という限界」がない。

彼らのエネルギーは炭水化物でなく不安

ところで私、小才の利く若い子が勝ち上がる姿は漫画的で面白いと思う。が、うらやましくはない。原作家という前近代的で超職人的な手仕事のオジサンはやっぱり思ってしまうのだ。

ニュ騎士団というところから勲章をもらったことがある。このときの食事会のシャンパーニュがビンテージの「サロン」。さすがシャンパーニュのメゾンはお金持ち、グラスが空になるとどこまでも注いでくれる「サロン」のわんこ蕎麦状態。「サロンで二日酔いになったことがある」というのがオヤジの自慢。……だけど「味はセカンドのドゥラモットのマグナムボトルの方が美味しかった」と言い張って、「なんというバカ舌か」とテーブル全員にため息をつかせたけど。

パソコンと前頭葉だけで君が稼げるのも、世界のどこかで、誰かが実際に手を動かし、絶望工場のなかで実体経済を支え続けているからだと。オジサンは意外にその事実に知らん顔はできないのだよ。だから君たちにちょっとイヤミを言っておこう。

なぜ若い「成功者」が筋トレに熱中するのか。彼らを突き動かしているのは炭水化物のエネルギーではなく不安だ。思いつきと行動力だけで自分が成功したということは、同じように自分も簡単に追い落とされるということだ。

「**百鍛千錬**（ひゃくたんせんれん）」[35]という言葉がある。日本刀を100回鍛えて、1000回練るという意味から鍛錬（たんれん）という言葉が生まれた。この鍛錬と、わずかな神の恩寵（おんちょう）があることが、かつては成功への唯一の条件だった。それが変わってしまった。鍛錬と無縁な方法で成功を経験してしまうと、不安も大きいのではないだろうか。生き物としての人間の心と体はどこかでバランスをとる。不安は、地道過ぎる無駄な努力＝筋トレを必要としているに違いない。最近いちばんのお気に入り、**ジグムンド・バウマン**[36]のセリフ。

35 百鍛千錬
本来は詩や文章を何度も推敲するという意味。ちなみに宮本武蔵は鍛錬を「千日の稽古を鍛とし、万日の稽古を練とす」と言っている。

36 ジグムンド・バウマン
ポーランド出身の社会学者。

「ゲオルク・ジンメル[37]がはるか昔に指摘したように、ものの価値はそれを獲得するのに必要とされる犠牲の大きさで測られる」

矛盾するようだが、筋トレがとてもたやすく、簡単に成果が上がるなら、誰もこれほどには熱中しない。

37 ゲオルク・ジンメル
「生の哲学」を唱えたドイツの哲学者。

コラム　三島由紀夫と筋トレ

1970年11月25日。作家・三島由紀夫と盾（たて）の会の4名を乗せた車は首都高速の飯倉ランプを降りて神宮外苑に出た。自衛隊市ヶ谷駐屯地に向かっていたが約束の11時にはまだ早かったので絵画館の周りを2周して時間を潰した。この車中で三島由紀夫は高倉健の『唐獅子牡丹（からじしぼたん）』を歌い始め、4名もこれに続いた。そして数時間後、三島由紀夫は自衛隊員たちを前に決起をうながす演説をしたのち、割腹して自刃した。

同じ道をよく走った。絵画館を周回すると1周およそ1・3km。信号機も高低差もなく、走りやすかった。高校生の頃は熱心な読者だった私は、三島由紀夫も最後にここを通ったのかと思うと、いつも不思議な感慨に襲われた。

三島由紀夫が筋トレを始めたのは1955年。早稲田「バーベルクラブ」で学生が体を鍛えている記事を週刊誌で眼にし、代表だった玉利氏にトレーニングの指導を頼んだのだという。このと

『太陽と鉄』（中公文庫）

き30歳。以来、何よりもトレーニングのスケジュールを優先し、決して怠けることはなかった。根底にあったのは自身の非力さへのコンプレックスだったと言われている。兵役検査の体力診断では40kgの土嚢（どのう）を何回担ぎ上げるかが試験されたが、みんなが肩まで担ぎ上げるなか、三島だけは10㎝くらいしか持ち上がらなかったからだ。肉体への劣等感は確かにあったろうが、それほどわかりやすい作家ではない。

「近代生活に於いてほとんど不要になった筋肉群は、まだわれわれ男の肉体の主要な構成要素であるが、その非実用性は明らかで、大多数のプラクティカルな人々にとって古典的教養が必要でないように、隆々たる筋肉は必要ではない。筋肉は次第次第に、古代希臘（ギリシャ）語のようなものになっていった。その死語をよみがえらすには、鉄による教養が要り、その死の沈黙をいきいきとした饒舌にかえるには、鉄の助力が要るのだった」（『太陽と鉄』）

筋肉は古代ギリシャ語、筋トレは鉄による教養。さすがに比喩は美しい。

屈折した感受性とそれを反映したかのような文章だが、自分が筋トレをやってみるとその指摘はかなり的確だとわかる。

戦後日本について三島が述べた有名な言葉がある。

「日本はなくなって、その代わりに、無機的な、からっぽな、ニュートラルな、中間色の、富裕な、抜目がない、或る経済的大国が極東の一角に残るのであろう」

日本はすでに三島が唾棄（だき）した豊かさも失い、経済的大国という地位もなくした。そんな国で今、筋トレ＝鉄による教養が流行している。三島なら、こんな日本をどう思うだろうか。

第3章
ジム選びはBAR選びと同じ

自体重トレーニングは意外に難しい

還暦過ぎた高齢者向けの筋トレの本や雑誌記事で、自体重＝自分の体重だけを負荷にしたトレーニングを超初心者にすすめているトレーナーさんがいる。あれは「年寄りならその程度の内容でいい」と舐めているだけだから信じてはいけない。

そもそも、筋力はともかく、自体重トレーニングだけで筋肥大したトレーナーなど見たことも聞いたこともない。実は自宅での自体重トレーニングは、若くて時間も金も余裕がない働き盛りが、わずかな空き時間を見つけ地味にガンガンと追い込むためにある。時間はたっぷり小金も少々、という還暦トレーニーには向かない。

もちろん還暦トレーニーがやって、効果がないわけではない。眼に見える効果が出るまで続ける気力と忍耐力がないだけだ（これについてはコラムでも触れる）。年寄りほどトレーニングは**刺激的**[1]で目新しくないと続かない。

そもそも、自体重のトレーニングの方が簡単と思うだろうが、実は意識を集中して狙った筋肉だけを動かすのは意外に難しい。軽い負荷があった方が、かえって楽なのだ。と、これは私の経験。

1 **刺激的**
自体重トレーニングをすすめない別の理由もある。マシンやフリーウエイトのトレーニングでは挙上する「物」が具体的にある。「物」に向かって全力を振り絞ると、脳は空っぽに、意識はただ「物」と筋肉との関係だけに集中できる。この瞬間が筋トレの醍醐味のひとつだ。自体重トレーニングでは、いくら目的の筋肉に意識を向けたつもりでも、どこか脳はさまよって落ち着かない。

体力の不足は好奇心で補うのである。むろんあなたがリハビリ中とか病院から退院したばかり、あるいは体に不調があるなら別だ。自分も経験があるが、入院していると信じられないほどのスピードで筋肉は落ちていく。歩くだけでも、どれほどキツイ運動になったことか。

この段階は過ぎ、日常生活に支障がないレベルまで体力が戻ってからの筋トレである。ではとりあえず、筋トレ用の道具を自宅に揃えるか。いやいや早まってはいけない。そこが後悔の落とし穴。

「ホームジム」と「ホームバー」の欠点

私、なんでも理屈と道具から入ると何度も書いた。後悔はしても反省はしないから同じ過ちを繰り返す。筋トレの場合はどうか。これまでに自宅に溜まった筋トレ用具を見てもらえばわかる。

1個が90ポンド（約41kg）のパワーブロック（要は重さが変えられるダンベルだけど、当然、死ぬほど重い！）が1セット合計で82kg。メディシンボールにバランスボール（部屋をゴロゴロしてホント邪魔）。角度を変えられるベンチ台は150kg以上耐えられる（雑誌の置き場になっている）。ぶらさがり懸垂スタンドは洗濯物干しに取られたので、ドアの入り口に懸垂バー。**ファンクショナル・トレーニング**[2]用のＴＲＸも吊り下げている。腹筋用のアブローラーも大小ある。電気でブルブル筋肉を動かすＥＭＳは自転車選手も使うという強力版。加圧トレーニングのベルトももちろん持っている。腕立て伏せ用のプッシュバーは回転式で最強だ（これは真面目にやれば効きそう）。ここにバーベル用のラックと１５０kgほどのプレートセットとシャフトが一本あれば、道具立てとしては完璧。ちょっとしたパーソナルジムが開業できる。さすがにバーベルセットは買わなかったけど。

ホームジム[3]があると**便利**[4]だと最初は思う。空いた時間にトレーニング、着替えもせずすぐにトレーニング。人の眼も気にせずトレーニング。ジムにいく時間も節約してトレーニング。朝でも夜でも深夜でもトレーニング。便利じゃないか。

その便利さ故に実はダメだと後で気づく。本格的なホームジムはあまりおすすめしない。いつか捨てるに困るゴミになる。「ホームジム」と「ホームバー」は似ている。各種リキュールやベースの酒、シェーカーやグラスを揃えているうちはいいが、棚を買い秘蔵のボトルを並べ、そのうちカウンターキット（アメリカから通販で買える）など取り寄せると病膏肓（やまいこうこう）で取り返しがつかない。酒はバーで飲むものなのだ。なぜか。

2 ファンクショナル・トレーニング
「体を動かす、体を使うため」のトレーニング。ＴＲＸ（トータル・レジスタンス・エクササイズ）はあり合わせのパラシュート生地を使い、自体重で行うトレーニングとして生まれた。

3 ホームジム
重い上にほこりも溜まる。掃除するにも動かしにくいので部屋のなかの「困った一角」になりやすい。

なぜ人はバーに来るのか

　バー漫画の原作家が若い新人バーテンダー君がいる店に行くと、しばしばこんな意地悪な質問をする。

「人はなぜバーに来ると思う？　美味しいカクテルが飲めるから？　それなら納得できる。水割りだって確かにプロの1杯はまったく違う。氷の上にウイスキーを注ぐだけのオンザロックだって氷の締め方が違うから味も薄まらない。そこまではわかる。じゃあウイスキーのストレートは？　一流のバーテンダーが注ぐウイスキーも私の注ぐウイスキーもさすがに味は変わらないだろ。ビンを傾けるだけだもん。

　そのくせ酒屋で買えば仮に1本1000円のウイスキーがバーで飲んだら1杯1000円。1本から20杯取ったとしてざっと原価の20倍！　ここにチャージも付く。ちなみにグラスだってウチの方がよほど高級だよ。雰囲気が違うと言うけど、照明を消してキャンドルでも立てりゃ、ことさほどは違わない。しかも、目の前に立っているのは誰？　見ているだけで酒がすすむ美人がいるならともかく、立っているのはイケメンでもない……君。さぁそれなのになぜ人はバーに来る？

　それはね。君が、そのイケメンでもない君がバーテンダーで、ここがバ

4　便利

……とはいえ、自宅を出られないケースも増えそうだ。自宅トレなら、軽いダンベル一組あればいい。正しいフォームを覚えるためと割り切ってゆっくり体を慣らしていく。懸垂バーやゴムチューブなど、初心者が揃えるなら場所を取らない筋トレグッズがオススメだった。これは私の反省だ。

ーだから。君は、立っているだけでウイスキー1杯で原価20倍の金をとっても客が満足できる存在にならなきゃいけない。そしてこのバーの空気を、自宅では味わえないほどに磨き上げなきゃいけない。そう、大事なのは空気。バーの本当の売り物はバーという空気」

と説教をすると、たいがい笑ってこう言われる。

「城さん、今日はもうだいぶ酔っていますね」――。

自宅トレの注意点

あなたの意志が鉄でできた20kgプレートのように強固ならともかく、自宅でのトレーニングはいくら機器が揃っていても、その場限りの気分転換になりがちだ。いつでもできる＝じゃあもう少し後で。着替え不要＝気分が本気のトレーニングモードにならない。人の眼を気にしなくていい＝フォームも回数も適当でいいや。ジムに行く時間を節約＝どうせ外に出るならそもそもトレーニング自体やめて飲みに行くか。

ジムにあるのはマシンだけではない。ジムという空気。かすかな汗の匂いと**真剣さ**[5]なのだ。バーの酒なら1杯のグラスに向き合う、筋トレなら1回のバーベルの挙上に向き合う。その**緊張感と集中力**[6]。それを45～90分持

5 真剣さ
ジムの雰囲気＝空気はトレーニング効果にも影響すると思う。同じ重さ、同じ回数でも、筋肉に意識を向けるかどうかで、効果も変わってくる。しばしば若いトレーニー君たちは、耳にイヤホンをつけ、自分だけの音楽を聴きながらトレーニングをしている。これも実は周りの音を遮断して、自分自身の筋肉に集中するためで、鼻歌交じりにバーベルに向かっているわけではない。ただし、見えない筋肉を意識するのは意外に難しいので、正しいフォームを意識した方がいいと、これはトレーナー鈴木さんの指摘。

続させる濃密な空気が大事なのだ。バーもジムも大切なのは空気。そこまでは確かに同じだが、後が少々変わる。

ジムは正直、行くまでは「面倒だな、今日はサボっちゃうか」と思う日もある。初めはテンションも上がらない、ところが最初の種目の1セットが終わる頃には、少しだけ気力が体に満ちてくるのがわかる。結果、トレーニングを終えて締めのプロテインを飲む頃には、「今日も満足なトレーニングができた良い日であった」と喜べる。

バーはどうか。バーは初めからウキウキとその扉を押す。最初の1、2杯を飲むうちは、体と心は緩んでも、ちゃんと背筋が伸びた美しい酒飲みだ。心の隅で「今日は深酒はやめるぞ!」と固く誓っているから、飲み方も丁寧だ。やがて小一時間が経過する。ジムなら最後のプロテイン、バーなら締めの古いリキュール。だが、ここからがジムとは違う。家に帰ってから必ず最後のモルトを何杯か飲んでしまう。これがいけない。結果、翌朝起きると、またこう思って落ち込んでしまうのだ。「ああ、昨日もダメなノンベイであった」。ちなみに私、バーで酔い潰れることはないが(ま、たまにはあるが)、自宅で飲むと必ずダラダラ飲み過ぎて翌日は二日酔いになる。

6 緊張感と集中力

自宅トレーニングに最も必要なのは集中力。このため、①トレーニングウェアに着替える。②トレーニングメニューは必ず守る。③音楽。私の場合「Spotify」で「筋トレ用音楽」を選んでガンガンに流している。④毎日のトレーニング時間を決める。これによって1日が規則正しくなるので睡眠も深くなる。⑤ウエイトがある場合は、安全のためジムでのトレーニングより軽く。回数で追い込む。

ジムの5タイプ——ジム選びの基本と注意

ジムを選ぶとき、通勤の帰り道とか、自宅の近くとか、利便性で選べという説があるがダメである。ハッキリ言って**その程度の理由と動機**[7]でジムを選ぶと必ずすぐに幽霊会員になる。これは私自身の経験だから間違いない。しかも勤務先に近ければ会社の同僚と会う可能性もある。自宅に近いと近所の知り合いと会う可能性もある。どちらも少々気まずい。駅ひとつ離れ、途中下車する程度の距離がいい気がする。ジムがあるという理由で降りる駅は、きっと気分も新鮮で町を見る眼も変わる。都心なら1駅2駅歩くのもウォーミングアップになる。しかし、ジムのメドがついても、バーと違い2、3杯飲んで店の雰囲気を試すというわけにもいかない。

多くのジムでは無料体験の日がある。なければビジター料金を払ってでも、1日だけトレーニングしてみればいい。

そのとき、必ず自分が通うことになりそうな曜日と時間帯を選ぶ。平日なのか週末なのか。昼なのか夜なのか。どんなタイプのジムも時間帯によって来るトレーニーは大きく変わるからだ。ゴールドジムのような筋肉系に特化したジムはともかく、普通のジムだと昼間はいかにも退職者という人が多いし、夕方からは会社帰りの**ＯＬ**[8]や会社員が増える。時間帯によっ

7 その程度の理由と動機
正直、いい歳をして「健康のために」「長生きのために」「ボケないために」などという理由で何かを始めるのは大人としての分別がなさ過ぎる。たいがいの不幸は常に思いがけないときに、思いがけないところからやってくる。予期し得ないし、防ぎようもない。還暦過ぎたら、（本当は還暦過ぎなくても）自分が楽しいと思えることだけをやろう。その結果として望まぬことが起こっても、それなら諦めもつく。

てマシンの占有率も変わってくる。

ジムのタイプもバーにたとえるとわかりやすい。バーに良いバーがあるわけでも、良いバーテンダーがいるわけではない。自分に合うバー、合うバーテンダーがいるだけだ。ジムも同じ。マシンが古くても落ち着くジムもあれば、最新マシンが並んでいても、何かよそよそしさを感じるジムもある。だからこそそのジムの空気なのだ。

総合型のジムはホテルのラウンジ

「総合型のジム」はトレーニーの年齢層が幅広い。設備も大がかりだ。プールやスタジオレッスンが充実しているのも特徴だ。マシンも手入れが行き届いてきれいだ。通りすがりに生ビールを飲んでサッと立ち去ることもできる**ホテルのラウンジ**[9]に似ている。ジムに通うのが初めての人には敷居が低くて入会しやすいかもしれない。逆に言うと、特徴が少なくややサロン的でもあることは先にも書いた。

筋肉特化のジムはホテルのメインバー

同じホテルのなかでも、ラウンジよりもう少し酒に特化しているのが**メ**

8　OL
ただし、スタイル抜群な美人OLさんと知り合いになれるかも、などと見果てぬ野望を抱いて時間帯を選んだりしないこと。そんな素敵な出会いは未来永劫、絶対に、金輪際起こらない。

9　ホテルのラウンジ
ホテルの建物内なのに開放感が油断させるのか、怪しい勧誘から危険な依頼、別れも出会いもあって面白い。つい耳がダンボの耳になる。

インバー[10]。ゴールドジムのような筋トレに特化したジムも最近は地方都市にまで広く展開している。世界中にあるので、観光地のように海外のゴールドジムを訪れ「やっぱりカリフォルニアはレベル高い」と感動した友人もいる。ただし、ディズニーランドよりマッスルビーチに行きたいと言い出すと家族からはひんしゅくを買う。

若くてマッチョな、いかにもというトレーニーが多いので、還暦トレーニーはやや肩身の狭さを感じてしまうかもしれない。ただしそう思うのは本人だけ。あなたの体が歳にしてはもの凄くムキムキでもない限り、周りはあなたのことなど一切気にしていない。ここでは、誰もが自分の筋肉しか見ていないからネ。

個性が売りの個人ジムは街場のバー

個人ジムは**街場**[11]の個人経営の**オーセンティック・バー**[12]に似ている。どちらもオーナーが、コンテストの優勝経験があるなど、個人の知名度が店の支え。トレーニング方法はジムによってまちまちだ。高重量、低回数のトレーニングで有名なジムがあるかと思えば、私が通う「ＳＥＩＢＵＧＹＭ」のようにオーソドックスが基本というジムもある。ただし、パーソナ

10 メインバー
ホテルでメインバーとジムがあるところはサービスに余裕がある証拠。どちらも利益はとても薄いからだ。ホテル選びの参考にどうぞ。『ホテリエ』という作品も書いた。

11 街場
街場という言葉はこの「街場のバー」という単語以外ではあまり聞いたことがない。「町のバー」ではなく、街場と言うときは飲み屋街、繁華街の「街」にバーがあるからかもしれない。

12 オーセンティック・バー
Authentic＝まっとうなと

ルトレーニングでなければ初心者用の基本トレーニングは大きく変わらないと思う。

もちろん、会員になれば自分の好きな方法でトレーニングもできるし、疑問があればそのたびにアドバイスも受けられる。かつては専門的過ぎてやや敷居が高かったが、最近の筋トレブームのおかげか、入会もしやすくなってきた。年齢層や職業もさまざまで女性も思いのほか多いが、トレーニー全体の志が高くて真面目だ。

ライザップのようなパーソナルに特化したジムもある。ライザップの場合は個人経営ではないが、都心だともう少し小規模な**個人経営のパーソナル専門ジム**[13]もかなり増えている。ただし金額的には、最初からここに飛び込むのは少々、勇気がいる。見学してトレーナーの話を聞き、気があいそうなら効果はいちばん早く現れるかもしれない。

24時間ジムや公共施設のジムは安さ爆発のチェーン居酒屋

最近、24時間使用できて料金も安いというジムもできてきた。自分で最初にプログラムをきちんと作って守れれば、便利だと思う。他に区営や市営など公共施設のジムもある。料金は安いし、フリーウエイトがあればあ

か正統なという意味で、私は以下の条件を挙げたい。カラオケがない、基本ボトルキープはしない、客同士が草野球チームを作らない。20年、30年と通う常連でも名前と職種程度しか知らないしあえて訊かない。仮にバーテンダーが女性でも、ヘラヘラと声をかけると睨み殺される。こういう酒を楽しむだけのバーで「あちらのオネーサンに1杯」と間抜けを言おうものならどうなるか。他の常連客を「さ〜てバーテンダー君、この間抜けをどうさばくの?」と楽しませてしまうので、やめた方がいい。

まり使う人がいないので穴場だ。予算的にマシンの種類はさほど多くはないが、種目さえ選べば初心者なら十分だ。私は東京なら千駄ヶ谷・東京体育館のジムが安いのに施設が充実していて好きだ。全国に似たような施設はあるはずだ。

還暦までに払った税金の分、せめてこんな施設を利用して取り返そう。

ホテルジムは会員制バー

ちょっと変わったところではホテルのジムがある。通常は会員制で一般開放していないが宿泊客は使える。だから私は、地方に行くときは必ずジムのあるホテルを選ぶ。マシンが充実しているわけではないが、その地方のトレーナーさんと話すのが楽しい。朝っぱらからバーベルを握るお客さんはあまりいないから、トレーナーさんも珍しがってトレーニング話もはずむ。

実はいちばん好きなのは東京駅近くのパレスホテル東京だ。自宅に泊まれば済むのに、銀座で飲んでわざわざここに泊まるのはジムのため。朝、皇居の緑を見ながらトレッドミルで走れるのはここくらいだ。何よりここの体組成計は私が知る限りどこの機械より体脂肪率を低く表示してくれ

13 個人経営のパーソナル専門ジム

筋トレブームを背景に、個人ジムもかなり増えている。極端にいえばマンションの一室程度のスペースで開業できる。各種トレーナー資格はあっても、開業に必要なわけでもない。私は経験ないが、このためにややお手軽なジムも増えていると聞く。その体が仕上がっていればトレーナーとしても優秀かといえばそうでもないから困る。体育会系出身で、経験はないが野心はあるオニーチャンが独立開業することも多いようだ。トレーナーの優劣をひとことで説明するのは難しい（相

る。さすが高級ホテル。体組成計まで「お・も・て・な・し」。ちなみにここのスパは水がエビアンというのもウリ。

パレスホテル東京ではないが、私が筋トレに凝っているのを知って**高級ホテルのジム使用券**[14]をバレンタインデーにもらったこともある。これはなかなか洒落たギフトだと感心した。

筋肉という公平性

ジムには確かにいろいろなタイプがある。高額なところからほぼ無料で使えるところまでさまざまだ。しかし、実はトレーニングという点ではみな同じなのだ。高額なジムが安価なジムよりすぐに筋肥大するわけではない。高額なジムでトレーニングすれば安価なジムより楽なわけでもない。高級ジムで挙上する20kgプレートも区立体育館で挙上する20kgプレートも同じ20kgなのだ。

後のトレーニング理論で詳しく述べるが、トレーニングとは結局、「その人にとって少しだけキツイ重さ、キツイ回数」の、そのキツさの限界を乗り越えることでしか筋肉は成長しない。50kgがキツイ人もいれば100kgがキツイ人もいる。でも各人のキツさのなかで頑張るしかない。

性も大きい）が、優秀なトレーナーはウエイトの設定、トレーニーの体調や故障への配慮、トレーニーに合わせたプロラムの多様さなど、細かく注意を払ってくれる気がする。その丁重さでずいぶんと効果にも差が出る。

14　高級ホテルのジム利用券

CONRAD TOKYO
NEVER JUST STAY. STAY INSPIRED
GIFT CERTIFICATE
水月フィットネス　一名様 パーソナルセッション 60分
60分のパーソナルトレーニング、ストレッチ、ヨガ、ピラティス いずれかのパーソナルセッションと
60分のヒート＆ウォーターエクスペリエンスをお楽しみください。
Mizuki Fitness Personal Session
for One Person - 60 Minutes
Please enjoy your choice of 60-minute personal session of personal training, stretch, yoga, or Pilates and
60-minute heat & water experience
有効期限 Expiration Date: 2019. 7. 15
トレーニングメニューは予告なく変更になる場合がございます
The menu is subject to change without notice
副総支配人・営業推進担当　小川和子
Kazuko Ogawa - Director of Business Development
発券番号 CL-18-Mizuki(4)(M)-0010
ASIA　EUROPE　AFRICA　MIDDLE EAST　AMERICAS
CONRADHOTELS.COM　#STAYINSPIRED

最強のマシン、最新のトレーニング理論、そりゃセールスポイントはいろいろあるだろう。多少の効率の違いも確かにあるかもしれない。が、あなたの体はあなた自身の手でバーベルを上げることでしか変化しない。この意味で**筋肉はとても公平**[15]だ。

最初だけはパーソナルトレーナーをつけたい理由

通常、どんなジムでも新入会員のための初心者講習会はある。ただ、このときに教えてもらえるのはマシンの簡単な使い方で、フリーウエイトには触れないのが普通だ。もちろん初心者向けの簡単なプログラムメニューもあるから、たいがいこれを参考にトレーニングする。

しかし、私自身もそうだったが、最初のうちはこの初心者向けのプログラムの意味を理解していない。筋トレに限らない。初心者というのは「自分が何がわからないか、そのこと自体がわからないから初心者」なのだ。疑問や質問ができるのは実は、初心者を脱しつつある証拠なのだ。しかも、マシンの動かし方を知るのと、そのマシンが使える、あるいは使って筋肉に刺激を与えられるというのはまったく意味が違う。

「**パーソナルトレーニングの利点**[16]はなんですか?」と、直接トレーナー鈴

15　筋肉はとても公平　筋肉は確かに公平だが、脳は意外に飽きやすい。「高いトレーニング料金を払ってるんだから」という強欲な脳のおかげでトレーニングが続くなら、それもまた意味がある。

木さんに訊いてみた。意外に思いがけないことだった。

「50歳を過ぎた女性の方なんですが、そのお歳になると、人から褒められるということが少なくなるそうなんです。確かにそうかもしれませんね。家庭では奥さんだったりお母さんだったり、誰も褒めてくれない。だからトレーニングで頑張ったときに、トレーナーから『凄いですね。頑張りましたね』と言われることは素直に嬉しいと」

なるほど、これは納得だ。

「あとは、パーソナルトレーニングを予約してしまうと、サボるわけにはいかなくなりますから。次回もなんとか時間を都合してトレーニングをするので続けやすい（笑）」

ただし、パーソナルトレーナーをお願いすると、1回2000～3000円程度、マスコミなどで名前が知られた有名トレーナーさんだと1万円を超えることもあるようだ。美人で名前も知られたトレーナーさんに追込んでもらうと、どんなに苦しくても頑張れる。そう思えるなら決して高くはないだろう。が、私はトレーナーに筋肉は求めても美貌は求めないので、（というか、むしろ気が散ってジャマなので）無縁の世界だ。

16 パーソナルトレーニングの利点

トレーナー鈴木さんに限って言えば、フォームと挙上スピード、ウエイトコントロール、筋肉の動作の意味をとても重視しているように見える。挙上重量は自主トレのときの方が重いしトレーニング時間も長いのに、重量的にははるかに軽い鈴木さんのトレーニングを受けたときの方が、効果が実感できる（いまでも筋肉痛が起こる）。要は効く。コーチ＝アドバイザーの意味は、実はこの「自分ではやらない動き、やらない考え方」を強制的に経験させてくれることにある。

大事なのはコミュニケーション

昔のことだが、いろいろなジムで単発のパーソナルトレーニングを頼んだこともある。しかし、たいがい全身トレーニングの流れをざっと教えられるだけで、正直、これなら金を払うほどのことはないと思った。

しかも、若い男性トレーナーだとこちらをジジイと侮るのか、労り（いたわ）の言葉はかけても、本気の追い込みはしてこない。結果、なんだか物足りないまま終わってしまう。「はい。イチ……ニィ……サン……」と、君の仕事は横にいて数を数えるだけかい？　と嫌みのひとつもつい言いたくなる。ちなみにむしろ若い女性トレーナーの方が、厳しく接してくる気がするが、あれはなぜだろう。

これは自分の反省でもあるが、トレーナーさんにしても1回だけのパーソナルでは、なかなか相手の本気度も測りかねて教えづらいのではないかと思う。筋トレの目的はもちろん、週に何回通えるのか、食事管理はできるのかなどを含めて最初に相談してみるといい。この、相談含めてのパーソナルである。5回とか10回とか、あらかじめ回数を限ってとりあえず頼んでみるというのも方法だ。チケット制の**回数券**[17]が利用できるジムもある。

17 回数券

ちなみに「SEIBUGYM」では初めての入会者は希望すれば10回までパーソナルトレーニングが無料で受けられるそうだから、これはなかなかお得なサービス。通常のパーソナル料金も破格に良心的。

パーソナルトレーナーは「筋肉のバーテンダー」だけど

ジムをバーにたとえるなら、パーソナルトレーナーはバーテンダーと同じだ。実は、客はバーテンダーに酒の知識など求めていない。酒の知識などあって当然だからだ。酒の知識自慢をしたいのは客の方で、プロがそんなことを自慢するのは己が二流と認めているようなものだ。トレーナーさんならある程度の生理学、運動学、栄養学の知識はあって当然。しかも自分がそれなりの見栄えに体を鍛えてあるのも仕事のうち。それ自体はなんの利点にもならない。

昔、体だけは立派な若いトレーナー君が「どんな体になるのが理想ですか」と訊くから「へえ〜どんな体でも大丈夫なの？　じゃぁシュワルツェネッガー。スタローンでもいいけど。大丈夫？」と、からかった。ところが「もちろんです」とニコニコ笑って無邪気に答えてくれる。冗談がまったく通じていない。意地悪なオジサンは内心こう思ってしまった。「トレーニングでどんなに鍛えても、体はともかく頭のなかは君のようにならないのが希望ね」

この客は本当は何を望んでいるのか、すべてのサービス業にとってそれを探り出すのがいちばんの仕事。素人は自分の欲求が明確化されないから素人なのだ。

どんな体と漠然と訊くのではなく、持久力をつけたいのか、筋肥大が希望なのか、それも**細マッチョ**[18]なのか太くてもいいのか、パワー系で重いバーベルを持ち上げてみたいのか。そもそも素人はそんなことすらわからないのが普通なのだ。素人でもわかるように質問の言葉を選ぶのもプロとしての仕事だ。誰の体を目指すのかと、幼稚園児の質問はやはり返答に困る。

この意味で、良いトレーナーに必要なのはコミュニケーション能力かもしれない。ただし、体育会系で育ってきた子が多いであろう日本のトレーナーさんに、このへんのセンスを求めるのは少々かわいそうではあるけど。

18 細マッチョ
この「細マッチョ」の反対が「ゴリマッチョ」。ゴリラのようにゴツいというわけか。「私、細マッチョよりゴリマッチョの方が好きです」とワイン会で若い女の子に言われて驚いた。特に筋トレ系とも思えないお嬢さんまでそんな単語を知るようになったか。

いいサービス

サービスという点では、トレーナーという仕事も他のサービス業もあまり変わらない。結局は顧客満足度だ。しかし本当の意味での顧客満足はなかなか難しい。よく言うのだが、飲食店などで、その店になぜ足を運びたくなるのか。素人である客が簡単に気づいてしまうような店は一流ではあっても超一流とはいえない。料理が美味い、酒の種類が豊富、店内のインテリアが素敵。そんなことを客が褒めているうちはダメなのだ。

本当にいい店とは、どこがいいのか客にさえ気づかせずに「何か心地よかった」という記憶だけを客に残し、何度もその「心地よさの理由を探しに」店に通って常連になるような店なのだ。この意味でも、いちばん大切なのは眼には見えぬ「店の空気」なのだ。ちょっと余分な話をしよう。

15年ほども前のことだ。都内の某有名グラン・メゾンでのこと。**取材のため**[19]に空港グランド勤務の若いお嬢さんたち3人ほどと食事をした。担当編集者含め5人のテーブルだ。コースが終わると、デザートワゴンが運ばれてくる。「お好きなだけ召し上がって結構ですよ」とギャルソンに言われ、お嬢さんたちはキャーキャー喜んで延々と食べ続ける。コイツら本当に全部食い尽くす気かというくらいに食べる食べる。

と、ふと気づいてあたりを見回すと、20席近くあった他のテーブルの客は誰ひとりいなくなっていた。残っているのは我々のテーブルだけ。閉店時間も過ぎて、スタッフの店じまいの準備もあるだろうに、そんな気配は一切感じさせなかったのだ。だからこそこちらもついつい時間を忘れてしまった。これはなかなか凄いと感心した。

しかし、この店が改装され、しばらくぶりに行ってみたら、ギャルソンが同伴とわかる男女の写真を客のスマホで撮影していた。Vサインの女の

19 取材のため
このときの取材は『大空港』(作画・野口賢)という空港のグランドスタッフの話を漫画にした。取材に時間と経費がとてもかかった割に大成功とはいかなかったという、私にはよくあるケースの作品。

子はキャーキャー騒いで落ち着かないし、隣のオヤジのニヤけ顔も気に入らぬ。他に客がいるんだからせめてストロボはやめなさいと、文句のひとつも言いたくなった。ま、いいサービスを持続するというのも、なかなか大変ネとため息をつくしかない。……と、少々話がそれ過ぎた。

「そんなことできるわけないでしょ！」

あるワイン会でのことだ。Nさんはご夫婦ともドクター。**奥様**[20]は私より歳は上だから70歳近いはずだ。この奥様、江戸っ子のベランメェ口調で、快活を通り越して超パワフルである。何かの弾みで筋トレの話になった。この先生、なんとパーソナルのトレーナーについて毎週、筋トレをやっているというのだ。ついにブームはここまで来たか。

「でもそのトレーナーの子が『はいもう1回頑張って』なんて言うから怒ってやったのよ。『そんなことできるわけないでしょ！　無理に決まってるでしょ！』ってね」

トレーナー君の面食らった顔が想像できる。きっと言いたかったろう。「そのもう1回を頑張らないと筋肉はつきません」。だが、そんな正論など言おうものなら「だったらお前がやれ～」ともう一度怒鳴られたに違いな

20 奥様　この女医先生、冬でもポルシェの屋根を開けてブンブンと走っていく。筋トレ好きは熱量が高いので車の屋根をいつも開ける。……のかどうかはわからないけど。テンション上げたい気持ちは私にもわかる。

い。顧客というのはどんなときでもワガママで無茶なものなのだ。仕事とはいえ、トレーナー君もなかなか大変だと、思わず同情してしまった。しかし実は、トレーナー君にも少しの非はある。

「頑張れ」は励ましにはならない

これはむしろ、これからトレーナーを目指す若い子に言っておきたい。それが筋トレであれ仕事であれ「**頑張れ**[21]」「頑張ればできる」というのは言ってはならぬことになっている。「頑張れ」という言葉は一見励ましているように見えるが、それはできる自分からできない他者への上から目線なのだ。

ここに上司・部下の上下関係があると、単なる上司の仕事自慢になって部下のいっそうの反発を買う。まぁ年配者が若いときにさんざん言われてムッとしたことも、自分が上司になると昔を忘れてつい「頑張れ」と言ってしまうもんだけどネ。

しかも悪いことに、大概のトレーナーさんは顧客であるトレーニーより若い。子どものような、へたをすれば孫のようなトレーナーからお気軽な励ましの言葉などかけられたくはない。勝気な女医さんではないが「アン

21 頑張れ
「頑張れと言ってはダメ」。これはウツ病患者への注意として世間に広まった気がする。本人としては必死に頑張っている。あるいはどう頑張っていいかわからない。もう限界なのにわかってくれない。と、かえって相手を追い詰めるからだ。それがなんであれ、励ましの言葉は、そこに祈りにも似た相手への共感と強い願いが込められていなければ、伝わらない。しかし、言葉にできる程度の励ましは、ただ励ます側の自己満足のことが多い。いちばん強い言葉は、言葉にならない、言葉にできない言葉——。

タは横で『頑張れ〜』っていうだけで汗のひとつもかかずにお金がもらえて結構ね。死に物狂いで頑張っているのは私の方なのよ〜」と、怒鳴りたくなる気持ちもわかる。道理が通じる客ばかりなら、サービス業の苦労はない。思うのだが、これだけ筋トレが普及してくるとシニア向けの同世代トレーナーというのもビジネスチャンスかもしれない。ジム経営者のみなさん、ご検討あれ。

その短編集を翻訳して日本でもブームになった短編作家レイモンド・カーヴァーの言葉を村上春樹が自著のなかで紹介している（『職業としての小説家』新潮文庫）。私も、自分が原稿を書くときは、いつも少しだけ頭の隅にこの言葉を置いている。トレーニングするときも同じである。バーベルを握ったら、丁寧に慎重に**精一杯のベスト**[22]を尽くす——。

「時間があればもっと良いものが書けたはずなんだけどね」という同業者の言葉に対して、レイモンド・カーヴァーは次のように言ったという。

「結局のところ、ベストを尽くしたという満足感、精一杯働いたというあかし、我々が墓のなかまで持って行けるのはそれだけである」

22 精一杯のベスト
筋トレ理論でも10回の挙上のうち、筋肥大に影響を与える速筋への刺激は、最後の最後、筋肉が疲労しきったその先にあるという説もある。要は3セット、最後の10回目となると、つい気も緩み脱力してバーベルを戻してしまうが、本当はここがいちばん効かせなければいけないポイントというわけだ。マシンでも最後の数センチを確実に伸ばしきる、あるいは曲げきるとパンプもずいぶん違う気がする。

そう。しかも年寄りの墓への距離は、若いトレーナー君たちよりずっと近い。君たちのように時間はないのだ。「1回1回、ベストを尽くしたという満足感」を感じられるトレーニングを客に与えるのも君たちの仕事だ。

コラム

なぜ「還暦から筋トレ」なのか

還暦のあなたにこそ筋トレをすすめたい理由を説明しよう。健康のためとか、人生100年時代だからずっと元気にとか、ピンピンコロリとか、そんな寝言ではない。むしろ、それらすべてと真逆な目的だ。といって、広い肩幅と厚い胸、細いウエストラインが必要なスーツ、たとえばアルマーニとかベルサーチとか、バブル全盛期に流行ったイタリアンな服をもう一度着たい。それを着て若い女の子をブイブイ言わせたい。そういう目的でもない(そういう目的も素敵だけど)。

①還暦過ぎたら「始められるスポーツ」は少ない

考えてみて欲しい。そもそも還暦から始められるスポーツに何があるだろう？　草野球に草サッカーや草ラグビー、ゴルフはすぐに思いつくがいずれもメンバーを揃えるのが面倒だ。還暦から始めてもいちばん下手くそなのは目に見えている。実は、だからこそ流行っているスポーツが3つある。ランニングと自転車と水泳である。この先に3つ合わせたトライアスロンもある。かなり流行っている。

昼間のジムのプールに行ってみるといい。同じコースに入ろうとすると、口には出さぬが「入ってくるな！　ここは私が泳いでるんだぁ〜」と、無言で睨むジジイばかりだ。

敵は偏屈なジジイだけではない。いちばんの問題は何か。誰かと、何かと競わなければならないことだ。自分の変化が、時間と競争でしか計れない。これじゃ還暦を迎えた意味がない。還暦から始める意味がない。どういうことか。

②還暦過ぎたら「……のため」に生きない

あなたも多分、かつては課長・部長、あるいは先生と呼ばれたり巨匠、大家であったかもしれない。現在は再就職中で仕事は続けているかもしれないが、全盛期の仕事ぶりは過去の話。つまり仕事では、もう十分その責務は果たしてきたのだ。家庭ではどうか。子どもがいればすでに独立、孫もいるかもしれない。仕事のため、子のため、妻のため、あるいは夫のため。還暦まで生きたというのは、その誰かのためにも生きてきたということだ。

しかしもういいではないか。残りの人生は自分ひとりのために生きると決めて許されないか。

自分とは何であるのか。何であったのか、何でありたいのか。

還暦というのは、そんなことを見つめ直す最後のチャンスだ。まだ間に合う。思考はより具体的なものに沿うのが鉄則だ。抽象的なことを抽象的なレベルで考えると、悩みばかり増えて何も出てこない。だとしたら心ではなく体＝肉体というのは最も具体的で唯一変えることのできる「自分」だ。男も女もこれは同じ。

③筋トレはすべてが自分ひとりで完結する世界

筋トレがいいのは、たったひとりで確実に自分を変えることができることだ。痩せるとか太るとか、筋肉ムキムキになるとか、ベンチプレスで１００kgを上げるとか、そんなわかりやすいことではない。それは単なる結果で本当はどうでもいい。もっともっと、信じられぬほど小さな変化の喜びだ。

好調なら無論、嬉しい。初めて上げるウエイト、そのシャフトを握った瞬間に感じる「意外に軽い、上がるかも」という喜び。それだけで心が弾む。逆もある。普段は10回、12回上がる重さに8回で潰れる。「炭水化物が足りなかったのかな。昨日は飲み過ぎたしな、オーバートレーニングかな」と、口には出せぬ小さなことで落ち込む。この気持ちに初心者も経験者もない。ベンチプレス100kgで戦う上級者も、プレートも付けない20kgのシャフトだけと戦う超初心者も、まったく同じ地平線、自分自身の限界というなかで喜んだり悲しんだりしている。このシンプルさに感動できる。

④自分の再発見

他のスポーツも、自分との戦いというかもしれないが少し違う。目の前の具体的な鉄の質量が実感として存在する。油断すれば押し潰してくる。一瞬でも気を抜けばたちまち骨を砕いてくる。戦う相手は鉄の塊のように見えるが、実は己の気力と集中力なのだ。そう。向き合っているのは自分自身。自分の心——。

コンテスト大会などを目指すなら、これに過酷な減量が加わる。脂質を抜き、糖質を抜き、体脂肪を5％以下にまで落とす。人間の体として不自然だ。しかし、こうして筋肉の1本1本を掘り出す作業は、まさに自分自身を削り出す。そこまでのレベルでなく、私のような初心者でも、脂肪に隠れて見えなかった筋肉や血管がかすかに現れてくると少々嬉しくなる。還暦過ぎて、自分に「まだ見たことのない自分がある」と発見するのは喜びだ。

若さというのは極論すればバカということだ。バカだからこそバカ力も出せる。バカだからこそ理屈など考えず「カッコいい体になりたい」でバーベルに向かえる。昔はあなたも多分そうだったに違いない。

歳をとるというのはバカ＝無垢(むく)な魂を失うということだ。バーベルひとつ上げるにも、あれやこれやの妄想が、山ほどの思考が止まらない。そのくせ体力気力はないから上げる重量はお恥ずかしい限り。でも、無駄な思考や妄想すら楽しめるのが、歳を重ねた者の特権であり筋トレの面白さなのだ。

第4章
実践編・トレーニングを始めよう

【最初の準備】

まずは注意書き。あらかじめお断りしておくと、道具と理屈に凝るのは私の趣味のようなものなので、以下のギアもろもろ、まともな大人は少し割り引いて読んで欲しい。これが絶対に必要というわけではない。というのもトレーニング歴の長いトレーニーさんほど、あまり道具や理屈には頼らないからだ。

体組成計

最初に準備するのは、乗るだけでWi-fi経由でデータがスマホに転送できる体組成計。いちいち日々の体重をグラフに手書きしていたら、続けることが難しい。細かな変動を見るため50g刻みで計測できるものを選ぶ。朝晩、同じ時間、トイレの後に量る。体組成は四肢を部分分けして筋量・脂肪量まで計れるものもあるがやや高額。ジムによっては高性能の体組成計を置いているところもあるので、必要ならこれを使えばいい。ただし体重と体脂肪の記録だけは自宅で毎日行いたい。

1　メジャー
上腕、大胸筋はさりげなく、しかし思いっきり力んで計測し、腹囲は何気ない自然呼吸をよそおいつつ少し凹まして計測してしまう。

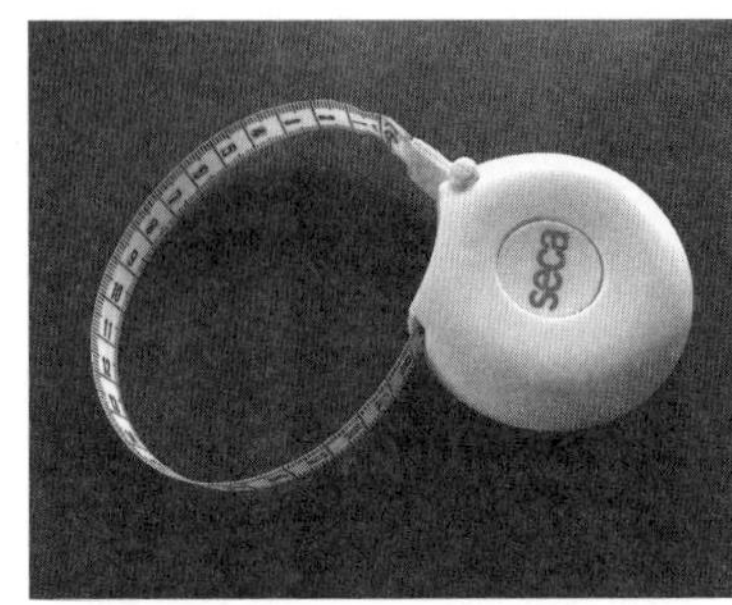

専用メジャー

このメジャー[1]がいいのはメジャーの先端を本体に止め、円状にして体の各部位を計測できること。もちろん毎日計測が必要なほど大きな変化は起こらないが、ひとりで測れるので便利だ。このときの体の各部の計測値は必ず記録。次に述べるスマホのアプリを使って体の各部の写真も同時に撮っておく。

トレーニング記録アプリ

ジムでは重量と回数をノートで記録している人をよく見かける。トレーニング中に書くのが面倒なので私は「GymGoal pro」[2]という有料のアプリでトレーニングの後に記録している。重量と回数の記録は普通、日々変わるほど大きな変化はないので全体はコピーですませ、種目ごとの変更部分だけ修正する。

ノートであれ、アプリであれトレーニング記録は必ずつけること。筋力の成長＝扱うウエイトは、半年前、1年前の記録を振り返ったとき必ず増えている。増えなくて悩むこともあるが、その事実を知ってトレーニング方法や食事を変えるためにも記録は大事だ。体の各部位のサイズと写真も

2 GymGoal pro

1年前の同じ月、同じ種目を確認すると、わずかだが必ず挙上重量は上がっている。

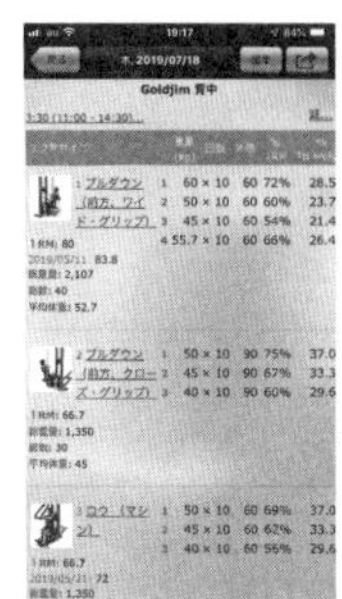

記録できる。

体重記録のアプリ[3]

これは体重計のメーカーサイトからダウンロードしてスマホに入れる。目先の体重の増減なんて単に水分量や塩分の問題……と、わかっていても、増えているよりは減っている方が嬉しいのは、体重計にそっと乗る女子高生と変わらない。長期間のグラフを見ると、必ず体重も変化している。

食事記録のアプリ

「マイフィットネスパル」とか「カロリズム」など無料アプリも充実している。私は「**あすけん**[4]」というソフトをPCとスマホに入れている。

食事記録＝食べた後での記録という使い方もあるが、逆にその日のメニューをあらかじめ朝に決め全部打ち込み、摂取カロリーとタンパク量、脂肪量、炭水化物量をコントロールすることもできる。体重、体脂肪率の記録欄もあるので体重計の記録とは別にここにも記入する。食べ物と体重の増減の関係を知りたいからだ。

外食のときもあらかじめ食べるものと内容を決め、予想で打ち込んでお

3 **体重記録のアプリ**

日々の変化は気がつかぬほどだが、グラフを見ると、いちおう右肩下がりにはなっている。ついつい目先の体重増減を気にするが、気づけば必ず成果は上がる。……と、自分にも言い聞かせている。

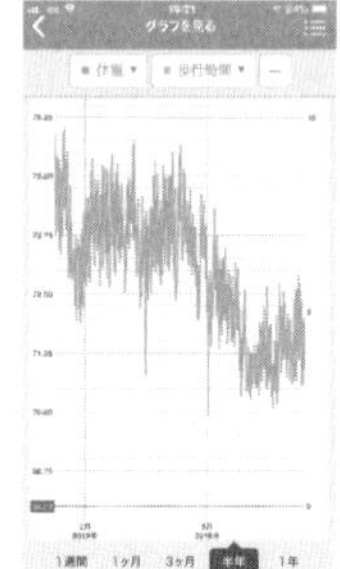

く。食後のバーでの酒も「ジンリッキー1杯、ハイボール1杯、モルト1杯」などと決めておくが、さすがにこれは一度も守れたことはない。

重さと回数の相関関係を記録する

詳しくは後に述べるが、私の場合、各種目10回を3セットが基本。10回が12回まで上げられるようになるとウエイトを2・5kg増やしてまた10回に戻る。要は筋力が増して回数が増える↓ウエイトを少しだけ増やす↓そのウエイトが10回上げられるようになったらまた回数を12回に増やす。これを繰り返す。

と、簡単に書いたが同じ「SEIBUGYM」の若いM君、ベンチプレスの扱い重量を125kgからわずか2・5kg増やすために8ヵ月もかかったそうだから、還暦トレーニーは焦らぬこと。2・5kgは意外に重い。

実はこのトレーニーの筋力を見極め最適なウエイトと回数を決めるのもトレーナーの力量である。その日の体調などを見ながら各セットごと、細かく使用重量を変えてくれる。もちろんトレーナーさんも記録をしてくれているが、自分でも記録しておく。1年経って見返すと、わずかながらの成長でもとても感動できる。

4　あすけん

シンプルで使いやすいが、登録メニューが市販品やコンビニメニュー中心でやや独身者寄り。少し変わった料理は登録がない。まぁ、そんな変わった料理を食ってる段階でダメなんだけど。

正確なフォームで記録を

ひとりでトレーニングするときは、回数と重量だけにこだわるとフォームが崩れているのに気づかない。ベンチプレスでいうとお尻をベンチ台から1cm浮かせるだけで、あるいは胸とシャフトを1cm離すだけで挙上重量が1kgは増える気がする。胸から5cm離したら5kgだ。いくらでもインチキができる。私のように、自主トレのときは重量を上げる楽しみのためと割り切るなら多少のインチキもいいだろうが（ホントはよくないが）、正しい筋肥大が目的なら毎回同じフォームにしないと正確な筋力＝そのときに挙上できるウエイトが記録できない。

【ジムへ行ってからは】

トレーニングギアをどうするか

トレーナーさんについているならその指示に従えばいい。初心者だからむしろ安全のために使った方がいいという考え方と、最初はギアに頼らぬ重量でフォームを確実に覚えるべきという考えの両方がある。

私の場合は最初から使っていたので（道具に凝る方ですから）トレーナ

5 グローブ

革が薄くてシャフトを握っても違和感がない。ただし毎日使うとボロボロになるし、洗濯用の換えも必要。私は3セット用意している。この出費は痛い。

ーさんも今さら外せとは言いづらい。だから以下は私ではなくトレーナーさんの意見でもある。ちなみに以下のギアを筋トレの「3点セット」などという。

グローブ

経験の長いトレーニーほどあまり使わない。まともな**グローブ**[5]がなかった頃からトレーニングを始めているし、競技系（ベンチプレスやパワーリフト）ではルール上、そもそも使用できない。還暦初心者トレーニーの場合や女性はあった方がいいと私は思う。マメができるとそれだけでシャフトを握るのも辛いから気力が萎える。

パワーグリップ

シャフトに巻き付け握力を補助するギア。背筋のトレーニングのプル（引く）系の動作は全部のトレーニングのなかで最も高重量を扱う。たとえばデッドリフトで**パワーグリップ**[6]がないと背中を刺激する前に握力が耐えられない。これは必要だ。ベルト式とゴム式があるが、ゴムの方が扱いが楽。

6 パワーグリップ
左右で形が少し異なり、横の張り出しの大きな方を親指側に持ってくること。

ウエストベルト[7]

腹圧をかけて体幹に力を入れるためウエストに巻く革製(が、多い)の幅広ベルト。簡単に言うが腹圧のかけ方は意外に難しい。そもそも私自身、巻く位置が少し下過ぎていたと今回初めて知った。トレーナーさんもオヤジには「そこは少し違いますよ」とはなかなか言いづらい。自分を含め、なんとなく気分で巻いているという人も多い。そのくせ急に外すとちょっと不安になるからやっかいだ。

あるジムでのこと、私と同年代の男性が伸び縮みする柔らかい布の腰痛ベルトを巻いてスクワットをしていた。あれはさすがに「そりゃ意味が違います」と誰か声をかけた方がよくないか。ということでスクワットなら60kg程度、あるいは自体重を超えないうちはベルトなしで正しいフォームを覚えた方がいい。と、これは我がトレーナーからのアドバイスだ。

ウエアは露出度高め、靴は古靴

ジムの新会員用のガイダンスで「服装は何でもいいので楽な格好で」と説明しているのを横で聞いて「おいおい、オヤジにそりゃ雑過ぎ」と内心呟いた。スニーカーなど底の厚い物は足首がぐらついて危険だ(最近また

7 ウエストベルト
留め金は通常の穴あきタイプとバックル型のものがある。ベルト幅や革の厚さもいろいろ。パワー系のベルトは太くて革も厚い。

超厚底傾向だし）。ウエイトリフティング用に専門の靴もあるが、そこまで凝らなくても、せめてできるだけ底が薄くて堅いものがいい。履き古した靴が最適だ。

ウエアも恥ずかしいくらいピチピチで露出度が高いものの方がいい。ジムではマシン同士の距離が意外に狭いのでダブダブだとひっかける。露出度多めだと筋肉の動きも確認でき意識も向けやすい。着慣れたランパンとランニングシャツがいちばんのおすすめ。ただし私の場合、高重量で膝に負担のかかる足トレのときだけは「ＣＷ－Ｘ」（サポートタイツ）を履く。これは実際の膝関節の保護というより、単に安心感かもしれない。

水筒にはスポーツ飲料ではなくＢＣＡＡ

トレーニング歴と体のデカさは、ジムで持ち歩くペットボトルに入れた液体のケバケバしさとその巨大さに比例する――と、思えるほど。２ℓのペットボトルにＢＣＡＡを溶いて持ち歩いているベテランも多い。水分摂り過ぎじゃないかとも思うけど。それにしても、輸入のＢＣＡＡの色合いはさながら極彩色のジェリービーンズ。味もレモンとかライムはわかるがアイスティーとかコーラ味とか不思議なものもある。誰もそこに美味しさなど求めてないからいいのだろうけど。ちなみにいわゆるスポーツ飲料を飲んでいる人はほとんど見たことがない。スポーツ飲料は塩分と糖分主体のため、トレーニング中はアミノ酸系飲料を摂りたいからだ。

ＢＣＡＡはトレーニング中の筋分解を防ぎ**エネルギーを補給**[8]すると言われている。私は５００㎖の水筒にそのときの気分でいろんな味のＢＣＡＡを５ｇとレモン果汁、蜂蜜を加えている。効果の方は正直よくわからない。ただの水よりいいだろう程度の理由だ。最近はＢＣＡＡではなくＥＡＡを入れることも多い。

プロテイン＋糖質

トレーニングが終わったら30分以内にプロテイン。これが筋肉のゴールデンタイムと言われて久しい。このとき、同時に吸収の早い糖質も一緒に摂った方がいいというのも定説だった。私のお気に入りは米麹で作った甘酒。江戸の昔から「飲む点滴」とされてきたし。

……が、最近、プロテインの摂取タイミングはそれほど厳密にこだわらなくていいという説や、プロテインと糖質は同時に摂らなくてもいい説も登場して悩ましい。栄養理論もどんどん細分化していって、素人には正解

8　エネルギーを補給　最近試しているのが世界中のトップ・マラソン選手御用達という「モルテン」。「ハイドロゲル」という新技術で高濃度の炭水化物をエネルギーに変換することができるとか。効果はある気がする。ただしジェルタイプの1回分が千円近くするので、苦しい足トレのときしか飲めない。

の判断がつかなくなっているのが困る。

私のトレーニングバッグの中身

最後に私の**トレーニングバッグの中身**[9]を紹介しておきたい。このトレーニングバッグ自体もいろいろ試して「ノースフェイス」のナップザックタイプに落ち着いたが、同じバッグが多くて（まぁ、これが安くて実用的でジムバッグには使いやすいということでもある）。最近は「フライターグ」に代えたばかり。このなかには、還暦トレーニーじゃなきゃありえないものが入っていて我ながら笑う。

・吸水タオルと着替えのTシャツ

・靴　底が堅くて薄いリーボックの「クロスフィット」

足トレのときは指先が5本に分かれた「ビブラム」を持って行くときもある。ただし、5本指をしかるべきところに入れるのが意外に面倒くさい。この面倒くささは5本指ソックスを履くときと同じ苦労。

9　トレーニングバッグの中身

かさばるしけっこうな重さにもなる。しかし、その日飲むプロテインを忘れただけで、トレーニングが無駄になったような悲しい気分になるので、意外に大切。

・胸、背、足の種目に合わせた各種ギア

このほか、グローブとベルトは共通していつも必ず持って行く。

・加圧トレーニング用ベルト

フリーウエイトとマシンのトレーニングが一通り終わった後、パンプアップのために**加圧トレーニング**[10]も1種目。30回、20回、10回のディセンディング・セットで1回やる。「パンプした」という気分を味わうためで、正直、その後の効果と影響についてはよくわからない。しかし、アーノルド・シュワルツェネッガーも言っているぞ！

「パンプアップはセックスより気持ちいい！」[11]

・500mlの水筒

水分は1日3ℓ摂れといわれている。

・プロテインと甘酒

プロテインは20〜30g、グルタミン5gとクレアチン5gを加えてあ

10　加圧トレーニング
血流を制限して軽い負荷でも筋肉に乳酸を溜めて効果を出すトレーニング。ただのベルトと考えると無駄に高額だが、まぁこれはアイデア料ということか。

11　「パンプアップはセックスより気持ちいい！」
多分、このセリフはシュワルツェネッガーのデビュー作である映画『パンピング・アイアン（鋼鉄の男）』の冒頭セリフの要約。実際にはもっと下品なセリフで笑える。

る。これを甘酒に溶くとドロドロで腹持ちもいい。その日に摂る他の糖質量によっては甘酒を低脂肪乳とか豆乳やアーモンドミルクに変えることもある。

・アンダーアーマーのマウスピース

マウスピース[12]は使う人とまったく使わない人に分かれる（使わない人の方が多い）。どんなスポーツでもそうだが、力んで噛みしめない方がかえってパワーが出るというのが最近の定説。私の場合、噛むくせが治らないのと、そのために前歯の先を欠いたので使っている。アンダーアーマーのマウスピースは奥歯で噛んでむしろ口先を開かせるという仕様。ただし歯科医院で作ってもらう必要があるのが面倒。

・芍薬甘草湯（しゃくやくかんぞうとう）[13]

足がつったり、運動中のこむらがえりや痙攣（けいれん）、突発的な腰痛があったりする場合に効く。高重量で腹筋をやるとかならずつるので、つったらすぐに飲む。西洋医学的には筋肉がつるのは水分やカリウムなどミネラル不足が原因といわれている。

12 マウスピース
他に格闘技やラクビーなどでも使う通常のシリコンタイプもあってそちらの方が安い。

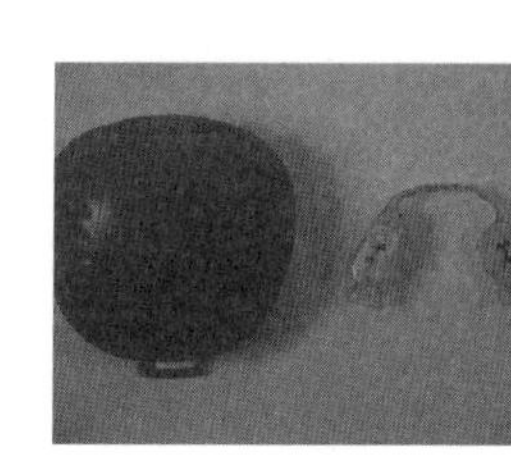

13 芍薬甘草湯と葛根湯

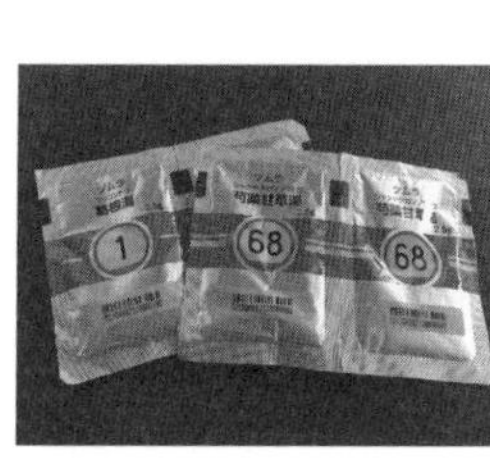

•葛根湯（かっこんとう）[13]

マシンの位置によってはクーラーの吹き出し直下ということもある。汗をかいた体に直撃すると風邪を引く。「クシュン」と少しでも風邪が入ったと感じたらその場で飲めば葛根湯はよく効く。実は私、北京中医学院に留学経験もあるので、東洋医学には少々うるさい。

•消毒用ジェル[14]**とマスクと歯ブラシ**

バーベルやダンベルのシャフトは見ず知らずの人が誰彼となく接触する。ジムで風邪を引いて以来、手洗いには少し気を遣う。トレーニングが終わってプロテインを飲む前に忘れず消毒用のジェルも使う。

•小型の老眼鏡[15]

大きな声では言えぬが……。マシンのウエイト表示の数字が細か過ぎて読み取れないぞ！

14 消毒用ジェル

15 老眼鏡

【トレーニングプログラムを作る】

実はトレーニング理論は二つだけ

筋トレがブームと感じるのは、ネットなどで検索するとさまざまなトレーニング方法や筋肥大の理論、栄養摂取の方法が述べられていることだ。困ったことに、ときにはその方法が真反対のときもある。たとえば少し前までは筋トレといえば「超回復」がいちばん大事といわれてきた。

トレーニング後は筋肉が破壊され減少するが「48時間〜72時間」休息を与えることで筋肉が修復され以前より増強する現象を「超回復」という。このタイミングを狙って再びトレーニングすれば筋肉はさらに強く大きくなる。これは常識だった。

しかし最近では「超回復」は「方法としては正しいが理論的には間違っている」（というのもそもそもややこしい話だが）。確かに、言われてみれば素人でもわかることだが……自転車選手やアイススケートの選手は、毎日練習して休養などとらないのに太ももが異様に筋肥大しているのはなぜかという説明がつかない。

ダイエットでも「糖質制限」か「カロリー制限」か。未だ結論は出ない

（これについては詳しく後述）。しかも困ったことに「私の説は絶対に正しい！　なぜならばかの有名な『ランセット』『サイエンス』にも論文が掲載され、アメリカ○×大学の実験でも証明されている」などと必ず書いている。これを最近の流行で「エビデンス」「エビデンス」（科学的根拠）などというが、どちらも同じように「エビデンス」を錦の御旗に押し立てて互いに一歩も譲らない。どちらが正しいかなど、これじゃ素人が判断できるわけがない。

で、私は、筋トレについては誰もが納得できて反論できない理論は二つしかないと結論づけた。しかもこれ以外はあまり重要ではない。

・過負荷の原則

あなたがもし還暦を過ぎているなら、子どもの頃に『**忍者のトレーニング**[16]』を少年漫画で読んで、ワクワクしなかっただろうか。どういう話かというと……。忍者は毎日毎日、麻の苗木を飛んでジャンプ力を鍛える。最初はほんの10㎝、20㎝の高さだから楽々だ。しかし、麻の木は成長が早く1日経つと前日より少しだけ成長する。毎日これを飛び続けることで忍者はある日、気がつけば身の丈を越え、軒を越え、屋根までジャンプできるようになる。

16『**忍者のトレーニング**』子どもの頃に悩んだ。忍者のように毎日訓練すれば、どこまでも高く飛べるのか。もし麻の木が100ｍでも飛べるのか。肉体にはムリと凡人は考える。が、肉体限界があるからそれはムリと凡人は考える。が、肉体をコントロールする脳のリミッターを外せば、限界は伸ばせる。多分、これが薬物ドーピングの基本姿勢だろう。結果、肉体は壊れるはずだがそれでもやってしまう。つくづく人とは「脳で生きている」特殊な動物だ。

「過負荷の原則」というが、要は体を強くする（筋肥大であれ、筋力アップであれ）ためには同じ負荷で運動してもただ現状維持にしかならず、少しずつ刺激を上げていかなければいけない。このとき、大事なのは成長に合わせ「少しずつ」（これを漸進性という）適度に過不足なく負荷を上げること。こうやって長時間かけて強化した体力は、トレーニングをやめてもすぐには低下しない。

•継続性の原則

変化は一朝一夕には訪れないから続けないとダメだよ、という当たり前の理屈。トレーニングを続けても効果が出るには最低3ヵ月はかかる。

これは筋肉のタンパク質は通常90日で半分ほど入れ替わるためといわれている。

『筋肉トレーニング百年史』（窪田登著 体育とスポーツ出版社）によれば、紀元前540〜520年頃、イタリア南部の怪力王ミロが子牛を肩に担いでトレーニングしたのが筋トレの始まりとされている。子牛は日ごと少しずつ成長して（過負荷）重くなり、これを日々（継続性）担ぐことで筋力をつけたそうだ。「忍者のトレーニング」古代ギリシャ版だ。「過負荷」と

「継続性」。やはりこの二つがすべての筋トレ理論の原点なのだ。

初心者の壁

しかし初心者の場合、いくつかの挫折ポイントがある。まずは筋肉痛だ。何年ぶり、何十年ぶりに突然筋トレなどすると、翌日、ないし翌々日の筋肉痛は「ベッドから起き上がれない。筋トレなんて絶対ムリ！」と思わせるほど強烈だ。この壁は丹念なストレッチと「**モーラステープ**[17]」を貼りまくって乗り切るしかない。ちなみに、後で述べるトレーニング方法の実際では、この最初の筋肉痛を避けるためトレーニング量をかなり調整している。ちなみに筋肉痛はトレーニングに効果があった証明にはならない。筋肉痛が起こらないとトレーニング不足かと心配になるが、そんなことはない。

次の壁は人によってさまざまだが必ず起きる。「何も変わらない」というジレンマだ。最初のうちこそ扱う重量は日に日に、面白いように増える。自体重のスクワットを10回やるだけで悲鳴をあげていたのが、20kgのバーベルシャフトを担げるようになる。ただしそれが30kg、40kgとなると伸び率が低下してきてやがて止まる。どうやっても上がらない。そのくせ

17 モーラステープ 市販品もあるが、病院でよく処方される湿布薬。他に「ロキソニンテープ」もよく知られている。が、年寄りがあまりに欲しがり、保険料がこれによって上がったので月の枚数制限もできたという。

体重は減らないしもちろん見た目も変わらない。食事を減らしたり増やしたり、サプリを飲んでみたりしてもピタリと止まって動かない。これが壁だ。

初めて筋トレをすると、この壁は自分だけに訪れるもので、だから自分には筋トレなど向かないと考えてしまう。そのうち飽きてやる気がなくなる。違うのだ。実は10年、20年と筋トレを続けているコンテストビルダーでも、レベルは違えど必ず何度も何度も壁に当たって**悩んでいる**[18]。では初心者と経験者の違いは何か。経験者は「壁は必ず訪れる。そして打ち破れる」と、わかっていることだ。こんなことを原作に書いたことがある。

「壁が行く手をさえぎっているんじゃない。
立ちはだかる壁の前までようやくたどりついたんだ。
あとは超えるだけじゃないか」

90日間だけは変化を信じて頑張ってみよう。

18 悩んでいる
ある「足トレ」の日。スクワットでどうしても十分沈み込めない。レッグプレスも普段より重く感じる。「今日は不調で全然ダメでした。炭水化物も足りてるはずなのに」とパワーリフターAさんに愚痴る。「トレーニングは波があるから。いちばん調子がいい波と底の波は忘れる。ついでにそんな日もあると、不調の原因を探して悩まないこと」。さすがベテラン。名言です。

初心者のトレーニング時間は45～60分を超えない

トレーニングは時間から内容を逆算する。基本は45分から長くても60分。これは体力に加え集中力を維持するのに限界があるため。気がつくと漫然とただ回数だけをこなしていることも多い。危険だし効果も薄い。

トレーナーがついている場合は、プレートのセットをやってもらえるが、ひとりの場合はプレートのセットにも1分ほどかかる。仮に1種目が1セット＝3秒（上げるのに1秒、下げるのに2秒）×10回＝30秒。休憩1分で3セット行うとすると合計最短でも210秒かかることになる。余裕を見て約4分。トレーニング時間を仮に45分とすると、前後のストレッチを除くとトレーニングは6～8種目が限界だ。

よくジムで、目に付いたマシンを1、2セットやっては次から次へ移っていく人がいるが、あれでは正直、まったく効果はないと思う。これを防ぐためにもキチンとしたプログラムが必要になる。

フリーウエイトとマシンの利点と欠点

昔ながらのダンベルやバーベルを「フリーウエイト」という。その名のとおり、このウエイト＝「錘（おもり）」はフリー（自由）に動くため一定のトレーニング動作を行うためには、自分でバランスを取らなければならない。これによって体幹が刺激されるメリットもある。

ただし、重力方向に対してしか筋肉に刺激を与えられない。たとえば**ダンベル・フライ**[19]と**マシンのフライ**[20]を比較するとわかりやすい。ダンベル・フライではダンベルを胸の真上に持ち上げ、ここからゆっくりと両腕を開いてダンベルを降ろし、降ろしきったら、今度はダンベルで円を描くように真上に上げる動作を繰り返す。このとき、ダンベルの負荷は両腕を一杯に広げたときが最大で、上に持ち上げるに従って軽くなる。これがマシンだと最後の最後、腕を閉じて大胸筋をいちばん収縮できるポイントまで負荷が抜けない。

しかも体の各部位に特化したマシンは、プレートを落とす危険がなく、フォームが安定しない初心者でも軌道が一定で扱いも楽だ。姿勢を保持するのも簡単にできるので、狙った筋肉だけに意識も集中しやすい。唯一の注意点は、椅子の高さだけは必ず正しい位置にセットしないと狙う筋肉から動きが外れてしまうことだ。ついつい横着をするが、トレーニングの記録欄に椅子の位置（たいがい数字が刻んである）も、書いておく。

ではトレーニングは全部マシンでいいじゃないか、と思うだろうが、こ

19 ダンベル・フライ

20 マシンのフライ

れは違う。マシンのいちばんの欠点はその「摩擦抵抗」にある。と、トレーナーの鈴木さんに言われたときは、意味がわからなかった。こういうことだ。仮にベンチプレスなら、基本は1秒で上げて2秒で下げる。下げる方に時間をかける。筋肉は上げる力（これを「コンセントリック」という）より下ろすときの力（これを「エクセントリック」という）の方が強く余裕があるからだ。ところがマシンでは、筋力が弱い挙上のときに摩擦のために負荷はむしろ重くなり、筋力に余裕がある下げるときに摩擦のために負荷は弱くなってしまう。結果、筋発達のきっかけとなる、強い刺激による筋損傷が起こりにくくなってしまうのだ。

一般に経験者がマシンよりフリーウエイト中心のトレーニングを多く行うのも、フリーウエイトの方が細かく丁寧に筋肉に刺激を加えやすいためだ。初心者も少しずつフリーウエイトに慣れていった方がいい。他にも理由がある。これは私の個人的な感想だが、フリーウエイトの方が緊張感も達成感も、つまり心理的な充足感がマシンより高いのだ。

【プログラムの実際】

超初心者がひとりでトレーニングできる基本プログラム

ここからはさすがに私ひとりの素人知識と経験では説得力もないので、トレーナー鈴木さんの意見に従っている。安心して信用していい。この**プログラム**[21]の特徴はトレーニーの年齢と経験を考え、とても慎重で無理がないことだ。何よりもケガがなく続けられることをいちばんの目的にしている。続けさえすれば筋トレは必ず効果が現れる。

筋トレに、もしいちばんの障害があるとすれば、この、トレーニングを途中で止めてしまうこと。そして、そのいちばんの原因がケガなのだ。

このプログラムも男性で60歳くらいなら、運動経験がなくても簡単にできてしまうかもしれない。だからといってすぐに回数を増やさないこと。しばらくはフォームを覚えるためと考えて丁重に動くことが大切だ。そしてくれぐれもやり過ぎないことだ。最初は物足りないというところで終える。自宅でもできるので、まずはここから。

以下のトレーニングメニューは各10回を2セットずつ行う。通常は10回3〜5セットをすすめられることが多いが、まったくの初心者の場合、2

21 プログラム

「SEIBUGYM」に通い始めてわかったのがプログラムの重要性だ。トレーニングの種目と回数をただ決めるのは単なる運動メニュー。プログラムはもっと長い射程でトレーニーの成長を見ながら組み立てる。これにはトレーナーの経験力が大きい。

セットでもキツいと感じることもある。オーバートレーニングを防ぎ、翌日の筋肉痛を予防するためにも、最初は2セットから。

ウォームアップ不要説もあるが、初心者の場合はやはり必要。各部を曲げ伸ばす静的ストレッチは反動をつけず各部位をゆっくり伸ばす動きで。種目と種目の間、休憩時間1分の間も、使った部位をストレッチで伸ばした方がいい。③のチェストプレスは自宅ならプッシュアップ（体力によっては膝をついてもいい）で。①⑧はニーアップ（もも上げ）に。⑥のフロントプルダウンは斜め懸垂やゴムチューブがあればこれを引き下げる動きに。

①ウォームアップ（10分）エアロバイクなどで体を温める。
②静的ストレッチ（5分）
③胸——チェストプレス（マシンのベンチプレス）10回2セット
④脚——スクワット（自体重）10回2セット
⑤背中——デッドリフト（自体重）10回2セット
⑥背中——フロントプルダウン（マシン）10回2セット
⑦腹部——シットアップ（自体重）10回2セット
⑧トレッドミル、バイクなど有酸素運動

プログラム

①

②

③

④

⑨クールダウン　ストレッチ

このプログラムはいわゆる「ＢＩＧ３」（ベンチプレス、スクワット、デッドリフト）が中心になっている。その目的は何か。たとえばベンチプレスなら体の前面＝胸・肩・腕に刺激が及ぶ。スクワットなら腰から下がまんべんなく刺激される。体の背部＝デッドリフトだけは背筋のトレーニングとしてはやや不足なのでマシンを使ったフロントプルダウンが加わっている。これに腹筋を加えて全身すべてが完了する。このトレーニングを週に2回が初心者には適当な運動量となる。

REPSとRM

筋トレ本を読んでいると必ず出てくるのがこのＲＥＰＳとＲＭという単語だ。レップ＝ＲＥＰＳ（Repetitions＝反復）は1セットのなかでの挙上回数。10レップで1セットとあれば、10回上げて、これで1セットということだ。

これとは別にＲＭ（Repetition maximum＝最大反復回数）という言葉もある。

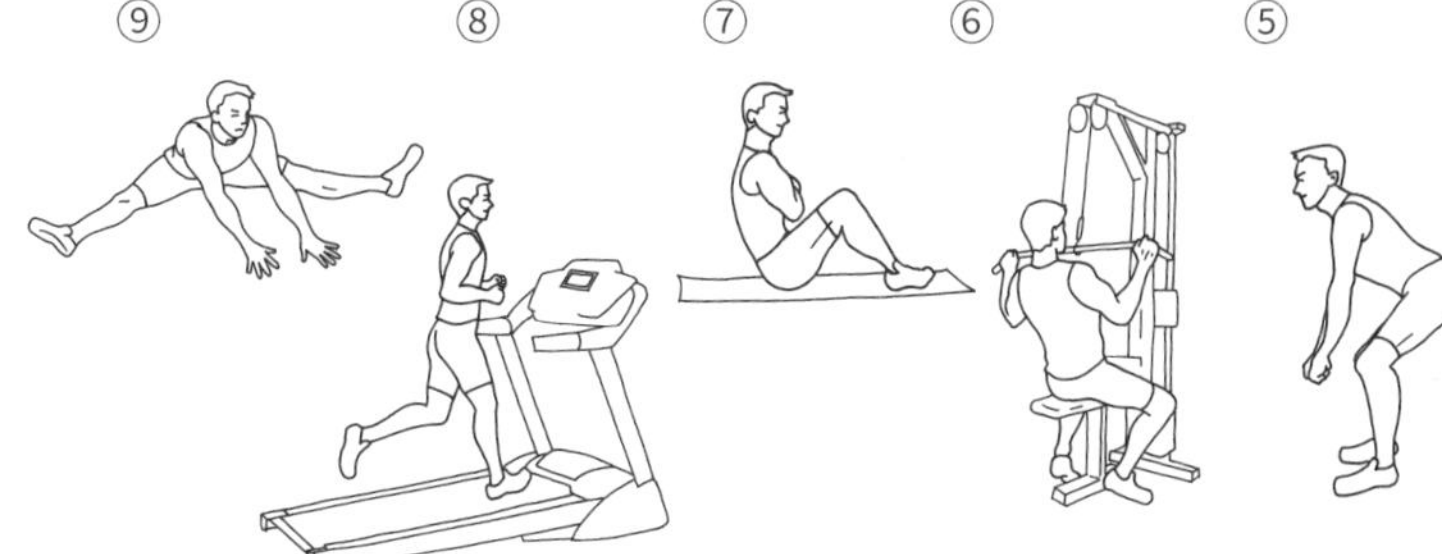

こちらは少々ややこしい。あなたが上げられる最大の重さ、たとえばあなたの「RM1＝60kg」なら「1回で上げられる最大の重さが60kg」ということになる。なぜ最大筋力を知る必要があるのか。実は筋肉は最大筋力の何割の重さを上げるかによって**トレーニング効果**[22]が変わってくるのだ。

・筋力を高めるためには1～5回で限界の重さ
・筋肥大させるためには6～18回で限界の重さ
・筋持久力を高めるためには19～30回で限界の重さ

平均すると8回～12回。この中間をとって1セット10回という回数が標準なのは、筋力・筋肥大・筋持久力のすべてにまんべんなく効果が及びやすい回数だからだ。

重さの設定はどうするか

では実際にあなたが扱う重さとRM＝最大筋力はどう決めればいいのか。実は最大筋力は、なかなか自分では決められないのだ。全力の1回を自分で判断するのは難しい。そこで今回のプログラムは「ストレートセッ

22 トレーニング効果
フォームを守り動きを意識したトレーニングを「ストリクト（厳格）・スタイル」という。逆に「チーティング（反則）・スタイル」といって意識的に反動を使って上げる方法もある。ただ高重量を扱いたいだけのためにこれを試すのは危険だ。が、ついやってしまう。少しでも重い重量を上げたくなるからだ。効果がないどころか逆効果で危険なのだ。それがわかっていてもやってしまうから、筋トレは面白い。

ト法」で行う。どういう方法か。

最初に15~20回程度を、かなり余裕を持って扱える重量[23]を試す。仮にマシンのベンチプレスを例に取ろう。同じ重さを15回上げて途中までは上がるが、16回目はちょっとムリという重さが理想的。実際の「ストレートセット法」では3セット行うので最終的には以下のようになる。セット間の休憩は1分が基本。仮にこの重さが20kgだったとしよう。

①1セット目――20kgを10回
②2セット目――20kgを10回
③3セット目――20kgを10回

普通、セット数が増えるに従って筋力は疲労し、挙上できる力は落ちてくる。この筋力の低下に合わせ、最初にいちばん重い重さを持ち上げてから、次第に回数や重さを減らす。これを「ディセンディング法」という。一般的に紹介されるトレーニング方法がこれだ。

だが、今回のプログラム「ストレートセット法」では、重さも回数も変えない。1セット目は軽過ぎるんじゃないかと感じるくらいでいい。それ

23 重量

自宅でウエイトがない場合は、2Lのペットボトルに水を入れて持つとダンベルの代わりになる。通常1秒で上げ2秒で下ろすという動きを倍の時間をかける。どの種目でも共通だが、このときに可動範囲一杯に、しかも鍛える部位を意識して丁寧に動かす。まったくの初心者が久しぶりに体を動かすなら、これでも十分刺激になる。

でも1セット目より3セット目は確実に筋肉に負担がかかっているから、ちゃんと効果はある。重さの設定変更が不要なので、動きにも集中できる。何より重過ぎるウエイトを無理して扱うことで筋肉を痛める心配もない。同じようにスクワット、デッドリフトも重量を決めて3セットずつ行う。

ウエイト増量の量とタイミング

重さを増やすときは無理をしない。仮に3セット目で20kgを軽く感じる余裕があっても、すぐには増量しない。なぜならトレーニングはその日の体調によってかなり影響を受ける。トレーニングの前に食べたものでも力の出方は変わる。重量、回数が増やせそうと感じたら、まずフォームが崩れていないか再確認する。その上で次回も同じウエイト回数で楽にできたら、次々回、ここで初めて負荷を増す。ただし、重さでいうなら5%を超えて増やさないこと。

意識と視線[24]と呼吸

呼吸は力を入れるときに吐き、力を抜くときに吸う。たとえばベンチプ

24 意識と視線 いちばん大切なのは重量ではなく筋肉に「効かせる」という意識かもしれない。最初のうちはついつい重量と回数だけ気にするが、初心者のうちはどんな重量でも丁寧に動くことを心がけた方がいい。私自身、減量期で挙上重量が落ちてきたため重量は諦めて半分ほどに落とし、回数をやや増やしている。理論的にはともかく実感としてはこれでも十分に筋疲労している感じはある。

レスならラックからシャフトを下ろし、胸の上で構えたときに一度呼吸を整え、胸を張って反らせ、息を吸いながらシャフトを下ろしていく。シャフトを胸につけたら息を吐きながら挙上していく。

運動中、息は止めないというのは基本だが、スクワットやデッドリフトなど高重量を上げるときはどうしても止めることになる。息を吸って腹部に力を込め、デッドリフトなら持ち上げたとき、スクワットなら沈み込んだときに止めた息を吐く。

視線の方向も大事だ。体の前面の運動、たとえばアームカールや**ハンマーカール**[25]の場合は筋肉を収縮させながら視線はやや下げシャフトを見る。逆に体の後面の運動、たとえばラットプルダウンなどは視線を上げるというのが一般的には覚えやすい。こうすることで反動をつけた動きを防ぎ、的確に狙った筋肉に刺激が及ぶ。

腹筋の基本

腹筋の代表的な種目がある。寝た状態から頭と肩を持ち上げる動きが「クランチ」。そのまま腰から上、上半身まで起き上がる動きが「シットアップ」だ。平らな床で行うこともあれば、足をかけ、斜めにした腹筋台を

25 ハンマーカール

使うこともあるが動きは同じだ。「クランチはあまり効果がない」とか「シットアップは腰を痛めやすい」などと言われるのには理由がある。私自身も経験があるが、単純な動きに見えて、どちらも意外に効かせるのが**難しい**[26]（だから私はレッグレイズを多めにやるが、これはまぁ趣味の問題）。

とかく起き上がることに意識が向きやすいが、意識は腹筋が収縮することに集中する。要は提灯（ちょうちん）を折り曲げるように腹筋をたたみ、その結果、上体が丸く起き上がってくるようにイメージする。肋骨を恥骨に向かって丸める意識だ。

呼吸はどうするか。まず息を吐き出しお腹を凹ませ、体幹を引き締める。次に「逆腹式呼吸」のように、この状態のまま息を吸い込み腹筋に力を入れる。吸い終わったら息をゆっくり吐きながら腹筋を縮めていく。起き上がったら（クランチなら肩が持ち上がったら）ここで息を吸い、再び息を吐きながら今度は腹筋の収縮を緩めていく（上体は倒れていく）。この動きを3〜4秒かけゆっくり行うと、かなりキツイし効果もある。

【BIG3のフォームの基本と守るべきポイント】

26 難しい
トレーナーはそのときのウエイトやフォームの崩れで最大筋力を推定してくれる。ひとりのときはつい自分の実力を過大に評価しすぎてケガの原因になる。

大事なのは「主動関節」の動き

「ＢＩＧ３」すべての種目でその運動の「主動関節」の動きを意識すること。たとえばベンチプレスで最も大事なのは実は大胸筋そのものではなく、肩関節の動き（正確には「肩関節の水平内転」）でバーを押し上げること。

要は筋肉を単なる体の部分として見るのではなく、その動きと働きに意識を集中する。アームカールでいうなら、上腕二頭筋が収縮する（縮む）ことで肘関節を支点に前腕、その先のバーベルを握る手が上がると意識する。

ベンチプレスだけは最初はマシンを使うが、これはまったくの初心者がバーベルのシャフト（20kgある）をベンチ台で上下するのは少々ハードルが高いため。落下の危険があるのはもちろんだがフォームが安定せず、正しい軌道も描けない。マシン、それも座った姿勢のベンチプレス・マシンで腕を水平に保ちまっすぐに前に突き出す動きを覚える。筋肉に十分なストレッチを効かせるため肘を曲げるときは限界まで深く曲げ、伸ばすときも一杯まで伸ばす。ただし背中は肩甲骨を寄せ、台にピッタリとつけ、肩は下げて腕を伸ばしきったときでも肩甲骨を締めて開かない。

「81㎝ラインを基準に」

マシンでベンチプレスの動きを覚え、ある程度筋力がついたら最初はバーベルのシャフトだけを上下する。手幅は肩幅の1・6倍が標準とされ、シャフトを胸に下ろしたときに肘が直角になるようにと言われるが、自分ではチェックできない。シャフトをよく見ると、両側に線が刻んである。これが「**81㎝ライン**[27]」。この線に中指か薬指を当て握るのが平均的手幅だ。

肩甲骨を寄せ、肩を落とし、頭、両肩をベンチ台に、両足は床にしっかりつけ、この5ヵ所で体を保持し、背中を反らせてアーチを作る。ラックに乗ったシャフトが視線の先に来るように頭の位置を決める。シャフトをラックから外したら大胸筋の乳首あたりまでゆっくり下ろし、胸で反動をつけずに持ち上げる……と、書くだけでこれだけ長いわけだから、正直、初心者には正確なフォームはなかなかなかなかなか難しい。

ベンチプレスは「足先方向に上げる」[28]を意識

そこで、細かいフォームはおいおい覚えるとして、ベンチプレスで初心者が守るべきポイントだけを訊いてみた。

初心者の場合、シャフトを下ろすときは両乳首あたりを目指すが、上げ

27 **81㎝ライン**

28 **足先方向に上げる**

るときに、胸から垂直ではなく頭上方向に曲線を描くように上げてしまうことが多い。これは胸で丸くアーチを作って浮かせているためで、自分では垂直に上げているつもりでも、横から見ると頭上方向に弧を描いて動いている。この癖がつくと大胸筋に刺激が加わりにくいばかりか、肩を痛めやすくなる。意識としては真っ直ぐ上げるのではなくやや足先方向に上げる気持ちでちょうどいい。と、これはトレーナー鈴木さんに加えベンチプレッサーNさんからのアドバイスでもある。

もう一点、ベンチプレスでは腕を伸ばしてシャフトを上げると意識するのではなく、むしろ逆に背中の方をベンチ台に押しつけていくように意識すること。この感覚はなかなかつかみづらいが、腕の方がむしろ固定されていて背中が押し下げられていく感じだ。

スクワットとデッドリフトは「中学野球部補欠」フォーム[29]

私が不器用なせいか、たとえばスクワットをやるときに「ええと……膝を曲げるのが先だっけ、お尻を突き出すのが先だっけ」と関節の動きが二つ以上（これを多関節運動という）になると途端に動きがぎこちなくなる。二つの関節を同時に滑らかに連動させるというのはなかなか難しい。

29　スクワットとデッドリフトは「中学野球部補欠」フォーム

これに対し関節がひとつだけ（これを単関節運動という）は初心者も動きを理解しやすい。たとえばアームカールや上腕を固定したプリチャーカールは楽だ。しかしスクワットは「キングオブエクササイズ」とさえ呼ばれている。いちばん苦しくて辛いけど外せない種目なのだ。スクワットとデッドリフトの動きをイメージしやすい基本フォームを訊いてみた。

まず足を軽く開き、腰をややかがめる。膝を少し曲げ、背は丸まらぬように真っ直ぐを意識。次に膝頭に両手を伸ばしてつき、顔を上げる。デッドリフトならこの姿勢から起き上がり、スクワットならこの姿勢を通過してお尻を突き出すようにいっそう膝を曲げ下半身を下ろしていく。と、文章で書かれてもなかなか伝わりにくいだろう。

このカッコ、何かに似ているなと気づいた。今どきは知らないが、中学の野球部の練習。外野のそのまた外を、新入生や補欠の部員が囲んでいる光景を思い出して欲しい。ボールがすぐに来るわけではないので、両手は膝に置いて顔はホームベースに向け声だけ出していなかったろうか。要はあの格好だ。どこにも力が入らず自然で楽なポジションになる。

膝をつま先より先に出さないとか、膝を曲げる方向と足先の方向を揃えるとか、注意が書かれていることが多いが、この「中学野球部の補欠」ポーズは意識しなくてもこの注意が守れる。デッドリフトやスクワットで体の動きがわからなくなったら、一度このポーズを取ってみるといい。背中を丸めないようにややそり気味にし、視線を落とさないのがコツだ。

スクワットの「チクワ」[30]は最初からナシに慣れる

スクワットの場合、足の幅は肩幅が基本。鏡が前にないときは、ダランと手を自然に伸ばし、人差し指の指先の示す場所に踵がくるように。これでちょうど肩幅になる。膝は足先と同じ方向に曲げていく。シャフトの手幅は81㎝の印を目安にして、担いで安定する場所を探す。初心者用にシャフトに巻くウレタンのクッション（その形から俗にチクワ等と呼ぶ）があると担ぐときの擦れがなくなり少し楽になるが、クッションの2、3㎝の厚みでシャフトが体から離れバーベルとの一体感が損なわれる。

実は私もずっとチクワを使っていた。ある程度の重さを担ぐとシャフトと僧帽筋（そうぼうきん）が擦れて痛い。赤い擦れ傷が最初はつく。しかしシャフトにこれを巻かず、直接担いでみたら（ベテラン・トレーニーの真似ですね）擦れにも慣れ、むしろ安定するようになった。まったくの初心者なら、チクワなしで最初から担ぐ練習をした方がいい。

30 スクワットの「チクワ」

デッドリフトの手幅は、指を広げ自然に手を伸ばして腰に当て、親指が当たる位置。要は手を伸ばして上体を傾け、再び伸び上がるときに、シャフトを握る手が足に当たらなければいい。足は腰幅で足先は水平でまっすぐ。パワーリフト競技では極端に両足を開く（俗にスモウデッドリフトという）場合もあるが、初心者には当分は無縁な世界。手の握りも両手ともに順手で親指をキチンとシャフトに回す（サムアラウンド・グリップ）から覚えていく。

苦しいけど大事な「スティッキング・ポイント」[31]

最も負荷がかかりやすい姿勢＝「動作のなかでいちばんキツイ体勢」をスティッキング・ポイント（sticking point ＝障害とか行き詰まり）という。いちばんキツイということは筋肉にとってはいちばん刺激になるということだ。

たとえばスクワットなら腰を折って膝を曲げて沈み込み、太もも後ろ（ハムストリング）あたりが地面と水平になるくらいからキツくなり始め、太ももの前（大腿四頭筋）あたりが地面と水平になる場所までが最も辛い場所となる。ちなみにこのとき、正

31 苦しいけど大事な「スティッキング・ポイント」

スクワットの
スティッキング・ポイント

ベンチプレスの
スティッキング・ポイント

しいフォームになっていると、太ももの前側と地面は平行に、背中とスネも平行になっているはずだ。

ベンチプレスだと胸から上げ始めて10㎝ほど、ちょうど肘が直角になるあたりがスティッキング・ポイントになる。デッドリフトなら最初の動き出しから、股関節の伸ばし始めあたりがいちばん辛い。ただしこれらの場所については多少の個人差があるようだ。

扱う重量に無理があると無意識のうちに「スティッキング・ポイント」を避ける。デッドリフトなら沈み込みが浅くなり、ベンチプレスだと「ちょこちょこ」と上げ下げしてしまうから効果も薄い。「どんな動きであれ、可動範囲一杯に動かすこと」が基本とよくいわれるが、これは「スティッキング・ポイント」をきちんと通過することで強い刺激が与えられるためだ。

いちばん大切なこと

最後に、トレーニングでいちばん大切なことを書いておく。初心者から経験者までみんなわかっていることだ。わかっている

デッドリフトの
スティッキング・ポイント

が、特にひとりでトレーニングしていると、ついいい加減になってしまう。疲れて投げ出しそうになる。私の自戒でもある。

いちばん大事なのは10回なら10回のセットで**全力を出し切る**[32]こと。2セット目、3セット目と、ウエイトが軽くなっても最後の10回目を上げたときに「もうこれ以上は無理デス」となるまで自分を追い込むこと。そのために……

もう一息
もう一息と言ふ処でくたばつては
何事もものにならない。
もう一息
それにうちかつてもう一息
それにも打ち克つて
もう一息。

もう一息

32 全力を出し切る
これを「オールアウト」と呼ぶ。かつては「オールアウト」で体力を使い果たし、帰りに車の鍵さえ重くて持てなく感じるまで追い込まないと筋肥大の効果がないと言われてきた。今でもこれを信奉するトレーニーもいれば、そこまで追い込む必要はないというトレーニーもいる。理論的にどちらが正しいかはわからないが、「最後のもう一息」を投げ出すと、少しだけ気持ちに後悔が残る。

もうだめだ
それをもう一息
勝利は大変だ
だがもう一息。

『もう一息』武者小路実篤
『武者小路実篤全集』（小学館）

コラム　最新トレーニング法が続けられない理由

最近発売された筋トレ本のなかで、還暦トレーニーにいちばん向いていると思ったのは『プリズナー・トレーニング』だ。サン・クエンティン刑務所に収監された著者が同房の元ネービーシールズ（アメリカ海軍特殊部隊）から教えられた自重トレーニングというのがタイトルの由来だという。監獄だから使うのは鉄棒など最低限度の道具だけで、基本は自体重トレーニング。ウエイトやマシンを使った一般的なジム・トレーニングには批判的だ。「腹筋を彫るためには派手なマシンが欠かせない。胸筋を大きくするには、高価で科学的に設計されたトレーニングマシンが欠かせない。人前で裸になるには、プロテインシェイクやサプリメントが欠かせない。等々。彼らは、なぜ、そう言うのだろう？　全部、お金だ」と歯切れも良い。

トレーニングプログラムも、たとえばプッシュアップなら最初は立って壁を押すだけの簡単なＳＴＥＰ１から始め、ＳＴＥＰを

『プリズナー・トレーニング』（ポール・ウエイド著　山田雅久訳　ＣＣＣメディアハウス）

細かく重ね、最終的なＳＴＥＰ10では片手だけのプッシュアップとなる。ウエイトを使ったトレーニングは筋肉だけを発達させるから関節や筋を痛めるという説も納得だ。自体重トレーニングだけではやはりビルダーのような筋肥大は難しいのはわかっているのか、第三集の「監獄式　ボディビルディング」ではちゃんと筋肥大の方法にも触れている。

ではなぜこの「プリズナー・トレーニング」が続けられないか。飽きるのだ。淡々と黙々と修行僧のように同じ動作を繰り返すのは、無限の時間と刺激のない環境でなければ無理だ。「プリズナー・トレーニング」が続けられない理由はつまり、私が「囚人じゃないから」ということになる。

もうひとつ世界中で注目されているトレーニング法が「ＨＩＩＴ（高強度インターバルトレーニング）」。１日４分、４種目の筋トレを繰り返すだけ。

立命館大学の田畑泉教授がスケート日本代表選手の強化のために生み出した。「20秒間の高強度運動＋10秒休憩を８セット」が「田畑プロトコル」として世界に広がった。実は私も一時期、朝起きると空腹のまま腹筋を田畑プロトコルで鍛えた。が、1週間も続けられなかった。

問題は「20秒間の高強度運動」というところで、心拍が150とか160まで上がるほどの強度がないと効果がないのだ。「田畑プロトコル」が続けられない理由は「キツ過ぎて死にそうになるから」。これはプロアスリート用です。

ついでに言うならひと昔前に流行った「ビリー・ザ・ブートキャンプ」が続けられない理由はたったひとつ。隣に笑顔のビキニ美人がいないからである。

第5章
食事で絞る

【理論編】

筋トレだけで「いい体」は無理

「SEIBUGYM」にも「いい体になりたい[1]」という目的で、何年も前からトレーニングを続けている人がいるという。筋肉が付き、挙上重量も増えている。が、多分本人が望む「いい体」とは少し違うようだ。「いい体」＝ボディメイクのためには、どこかの段階で体を絞りキレを作らなければならない。体を絞るなら筋トレと並行して有酸素運動をやればいいのではないかと思うだろうが少々違う。

ここがダイエットとボディメイクの違いだ。

実は、有酸素運動だけでキレはできない。マラソンランナーを見れば明らかだろう。有酸素運動では、脂肪だけでなく筋肉まで落ちてしまうからだ。これを「カタボリック」（筋肉の分解作用）といって、トレーニーには呪いの言葉のように恐れられている。想像してみて欲しい。この筋肉を作るためにいったいどれほどのバーベルを上げ続けてきたことか。どれほどのプロテインを摂取してきたか。さながら崩れやすくもろい「筋肉」という超薄切り極上肉を、そっと積み重ねるように作ってきたのだ。1gだっ

1　いい体になりたい

いい体というと大胸筋の大きさとか上腕二頭筋の太さと考えるが（私もそうだったし）、実は太さより、ポイントとなる場所があるとわかった。たとえば三角筋がキチンと3つに割れてなおかつ大きいと全体のシルエットが引き締まる。フィジークの選手が肩と広背筋、大円筋など背中ばかり鍛えているように見えるのは、このためかもしれない。

て失いたくはない。

実は、有酸素運動だけではなく、筋トレでも脂肪、筋肉が同時に落ちる。しかし、筋肉は強い負荷のために細胞が損傷する（トレーニングはこのために行うわけだが）と、その後、栄養を摂取することでむしろ修復強化される。これをアナボリック（筋肉の合成作用）といって、トレーニーには拍手喝采で迎えられる。減量中には、食事から極端に脂肪分を削り、同時にタンパク質摂取を増やし、トレーニングを続けるのも、筋肉だけは筋合成でなんとかその減少を最小限にとどめたいためだ。

コンテストビルダーも脂肪を落とすのは食事によってであり、有酸素運動は最後の最後、残りの1～2kgを落とす手段としてとっておくという。大事なのは、食事制限をしながら、トレーニングで筋肉は刺激し続けること。これは実はかなり矛盾した行為で、無理がある。ガソリンタンクがほとんど空の車でエンジンがプスプスと元気がない状態でレースをやれというようなものだ。しかし、これを乗り越えないと「いい体」にはならない。この大変さと葛藤については最終章でも触れる。

トレーニングだけでは痩せないどころか太る理由

「痩せたいなら運動より食事制限」という理屈は男性の筋トレに限らない。女性誌のダイエット特集などでは「運動だけでは痩せません」はさすがに常識になっている。そのとき、しばしばこんな例が持ち出される。

仮に1個300kcalのショートケーキを食べたとすると、運動だけでこれを消費するには約2時間のウォーキング（体重50kgの場合）が必要。もし脂肪1kg（7200kcal）を落とそうとすると、これはフルマラソン4〜5回分のエネルギー量に相当する。

まぁ毎度雑誌の比喩は少々乱暴で極端だが、要は運動で落とすより、そのケーキの一口を我慢した方がよほど楽ですよと言いたいわけだ。

それだけではない。運動をすると当然お腹が空くので、つい食べ過ぎてしまう。このときに、運動で流した汗を思い出し「あんなに運動したんだからもう少し食べてもいいはず」と、都合良く考えてしまう。結果、運動しているのにかえって太った、となる。

それなら運動などしない方がいい、と、早とちりをしてはいけない。運動をせず食事制限だけだとどうなるか。いちばんよく知られているのが、食事だけのダイエットでは「**サルコペニア肥満**[2]（筋肉が不足した状態での

2　サルコペニア肥満
これは筋肉が減り脂肪が増える状態で、通常の肥満より高血圧や高血糖になるリスクも高いとされている。高齢者の場合、加齢による筋肉量の低下も加わって、危険もいっそう増す。女子はどうか。たとえダイエットでサルコ（ギリシャ語で「筋肉」）をペニア（ギリシャ語で「失う」）しても、痩せて見えた方がいいというのが本音だから困る。

肥満)」が起こりやすくなることだ。

この情報化社会である。実は理論理屈はみんなわかっている。若い女性(から還暦オヤジまで)が、それでも結局は減量に失敗するのはなぜか。ダイエットとリバウンドを繰り返すのはなぜか。「なんとなく痩せたい」「なんとなく太っているのは罪悪」(オヤジならなんとなくデブは不健康)と漠然と考えているからだと思う。いわば意味も根拠もなく、現代では痩せることが幸福の象徴となっている。体重50kgより49kgの方が1kgだけ幸福。実は、これはごくごく最近の感覚だ。

歴史を見るまでもなく、美食(グルメ)と大食(グルマン)は富と権力の象徴だった。結果、太っていることは豊かさそのものだった。「恰幅(かっぷく)がよい」は少し前までの日本でもオヤジへの褒め言葉だ。痩せていることが美しく知的で豊かというのは人類史ではこの50~100年くらいのことに過ぎない。進化論的にはほとんど「気の迷い」だ。自然の生理と人類の歴史に逆らうのだから、痩せるのが難しいのも当然だ。

太るのは「それぞれの不幸」か

ちなみに日本では戦後の混乱が終わり、昭和30年代の高度経済成長期からダイエット＝痩身ブームが始まったとされる。確かに、還暦世代ならミニスカートの女王と呼ばれた英国モデル、**ツイッギー（小枝）の来日**[3]は記憶にあるだろう。一方、アメリカでは、すでに１９４５年に国際ボディビルダーズ連盟（ＩＦＢＢ）が創立され、昭和30年には日本ボディビル協会（１９８２年に日本ボディビル連盟と改称）も発足している。ただ太っていることだけが豊かさではないという文化は、このあたりで生まれてきたようだ。

と、同時にこの頃からすでに痩せ過ぎへの危惧も生まれる。

トルストイの『アンナ・カレーニナ』の冒頭はこう始まる。

「幸せな家族はどれもみな同じようにみえるが、不幸な家族にはそれぞれの不幸の形がある」（望月哲男訳 光文社古典新訳文庫）。多分、若い女性にとっては痩せている女性は、痩せているというだけで誰もがみな幸福に見え、太っている女性は、太っているというだけで性格が悪い、頭が悪い、意地が悪い、洋服のセンスがない、化粧のセンスがないように見える。だからモテない。という「それぞれの不幸の形」を抱えていると見えてしまう。ハッキリとは言わぬが、「痩せないと不幸になるわよ〜」と、煽ったのは誕生したばかりの女性週刊誌だった。この動きは今も変わらない。

3 ツイッギー（小枝）の来日
１９６７年（昭和42年）10月18日、「ミニスカートの女王」と呼ばれたツイッギーが来日する。食料難から餓死者も出た終戦からわずか12年で、食べ過ぎを恐れ、小枝のような体がもてはやされる時代になったわけだ。人はつくづく生き物としての本能が壊れた動物だ。

4 喜べる
ただし、筋力＝挙上重量と体重は基本的に比例する。要は、デブは基本力持ち。オーバーカロリーの状態で筋トレをすることで余分な栄養が筋肉を肥大させる。が、これは同時に脂肪量も

トルストイの言葉は本当だろうか。トルストイに逆らうのは申し訳ないけど、分別のある大人なら、そうは考えない。そもそも幸も不幸も一時の状態に過ぎない。永遠に幸福なことも永遠に不幸なことも起こり得ない。すべては自分の捉え方ひとつ。体重と同じで増えたり減ったりでいいのだ。太めなら増量期で筋力に余裕があると**喜べる**。[4] 痩せたなら減量期で筋肉のキレがよくなったと喜べる。そう思えるようになったのも筋トレの成果ではある。しかし、そればかりでは何の変化も起こらない。永遠にシックスパックはやってこない。やっぱり食事で絞ることは欠かせないのだ。では失敗しないダイエットはあるのか。

ブライダルダイエット

たとえば、女性の「**ブライダルダイエット**[5]（要は結婚式までに絶対に痩せるぞ!）」は意外に成功率が高いという。なぜか。目標は結婚式当日のその一日だけ。焦点を絞りきると人は頑張れる。コンテストビルダーなら大会の日にすべての照準を合わせている。

ライザップのような、やや高額なプライベートスタジオの「払った料金の分はなんとか結果を出すぞ」という頑張りも、2、3ヵ月だけだからこ

増やす。体重が増えると筋力も上がり、その下の筋肉も大きくなる。コンテストビルダーなら、この増量期で筋量を増した後で、減量期で脂肪を落とすわけだが、コンテストという期日のない素人の場合、これでは1年の半分の期間、体型はデブ（ただし筋力は上がるからマッチョな気分は楽しめる）。残りの半分の期間は、スタイルはよくなる（が、筋力は落ちるからかなり悲しい気分になる）。「力」か「体型」かの選択に悩む。しかも還暦ビルダーになると、脂肪は腹回りにすぐついて、最後まで落ちないのも困る。

そ我慢もできる。無論、ライザップもブライダルダイエットも、その後トレーニングを続けず食事も元に戻してしまえばリバウンドする（コンテストビルダーも、大会が終わったその日に食べて、2～3kgはすぐ戻る）。だが、目標と期間を設定し、それを達成したという経験は残る。それがちょっとした自信につながる。

長々と横道にそれたが、減量で体を絞り「いい体」を作るためには、まず「期限」と「量」が必要と言いたいのだ。

5 ブライダルダイエット

結婚式の当日だけ痩せて後はリバウンドでは、花婿が「そりゃサギだ～」と怒るんじゃないかと思ったら、最近は花婿もこの日のために体を絞るというから、まぁお互い様だね。

「パーキンソンの法則」

減量に限らず、人にとって「期限」と「量」がなぜ大事か。

英国の歴史学者シリル・パーキンソンが唱えた「パーキンソンの法則」という労働効率に関する皮肉な指摘がある。

第1法則。「仕事の量は、完成のために与えられた時間をすべて満たすまで膨張する」。要は仮に1時間でできる仕事も、3時間与えられると終わるまで3時間、5時間与えられれば5時間かかるということだ。もし仮に与えられた時間に制限がなければ、つまり期限がなければ、人は永遠に仕事を完成させないということになる。

第2法則。「支出の額は、収入の額に達するまで膨張する」。仮に**年収300万円の人間が年収3000万円に**[6]なったらさぞや生活は豊かになると思うが、そうでもない。年収3000万円になると、年収300万円だった頃には思いもつかぬ無駄な支出をするからだ。

この変形で「資源に対する需要は資源が入手可能な量まで膨張する」というのもある。要は最初80本が入るワインセラーを買って、ごちゃごちゃ押し込むから手狭になって、120本入りならいいかと買い直す。ところがワインも40本余分に買ってしまうので、結局あいかわらずごちゃごちゃで、いつまでたっても整理が付かぬというわけだ。これはもちろん私のケース。

これをボディメイクに当てはめるとどうなるか。

第1法則「期限を決めない減量は失敗する」

第2法則「量を決めない減量は失敗する」

90日後のイベント

もちろん、減量する量と期限は相関関係にある。1kgを1ヵ月で落とす

6 年収300万の人間が年収3000万円に

金持ちになるには、増えた分の収集を実収入と思わず、差額は貯金しなさいというのがたいがいのアドバイス。一見正しく見えるが、実はこれこそ貧乏人の貯蓄術。金持ちなら多分、年収3000万ではなく年収3億を目指すために使いまくる。それでもやがて実需の消費には限界が来る。そのときに残る貯蓄も莫大になるからだ。その意味では「パーキンソンの法則」は実需経済をベースにしたカタギな時代のお話。現在の「強欲資本主義」の世界ではむしろメルヘンに聞こえる。

のと2ヵ月で落とすのでは当然、体への負担も心への負担もずいぶん違う。

　では減量する量を先に決めるべきか、期限を先に決めるかべきか。これは期限を優先した方がいい。量を先に、たとえば「何が何でも理想体重とされるＢＭＩ＝22[7]まで体重を落とす」と決めると、計画が過大になり過ぎる。ついつい「じゃぁ1ヵ月で2kg。2か月なら4kg。いや待て、1ヵ月で3kgくらい落とせるんじゃないか」と、希望ばかりが膨らんで、あげく簡単に挫折する。

　とりあえず期限を切る。後で述べるがこれで自動的に減量幅も決まる。私が成り行きで設定した90日はほどよい期間だ。90日後のイベントのために最高の「いい体」に仕上げると決心してしまおう。結果、何kg減量できようが、最悪、まったく減量できなくても、その90日間は目的のために努力したという経験として残る。それだけでも大きな刺激になる。

　とはいえ、還暦過ぎると人生の節目となるようなイベントはたいがい済ませてしまっている。入学式に卒業式や就職、プロポーズに結婚、子どもの結婚式というのもあるが。いやいや還暦過ぎると結婚式に呼ばれるより、葬式の案内の方が増えてくる。

　女性なら幾つになっても、同窓会で見栄を張るという動機も生まれそう

7　ＢＭＩ＝22
ＢＭＩ22が理想的な健康体重とされてきたが、長寿体重というのもあって、男女とも最も死亡率が低いのは、25・1〜30・0の人だともいわれている。結果「メタボの方がいいんだぞ」と、世のオジサンたちを励ますこととなっている。

だが、オジサンが絞った体を自慢するとどうなるか。
「ずいぶん痩せたねぇ……大丈夫か？」と、小声で囁かれるのが関の山だ。「いや、別に病気ってわけじゃないんだ。実は筋トレを少々」と言っても「まぁ、無理するな。ところでこのサプリ飲んだことあるか？　ガンに効くって噂だぞ」となる。

ちなみにバーテンダーは女性にはそう言っても、オヤジには「痩せましたね」と言わぬがサービスの基本である。還暦過ぎると、本当に病気痩せのことも多いからだ。

ワンサイズダウンの服を買ってしまうとか、ひとり旅の予定を入れるとか、友達とお高いレストランを予約するとか、お祝いの日のためにヴィンテージのシャンパーニュを買うとか、女子のような目標設定には少し違和感がある。

私の場合は「本書を脱稿するまでに腹筋を割る」と、周囲に宣言してしまったのでもう後戻りはできない。おかげで、外食の打ち合わせで食事の量を減らしても、その打ち合わせの店に鶏肉料理ばかりを強く主張しても、鰻屋で鰻重を頼んで「すみません、ご飯は半分ね」と、女子のように言っても「しょうがない、減量に付き合ってあげましょうか」と先方も納得する。

そう。誰かに決意表明をすることはいいことかもしれない。言われた相手はオヤジが何をバカなことをと、ただ聞き流して忘れるが、言った本人には意外に枷（かせ）となる。クリスマスでも誕生日でもなんでもいい。3ヵ月先のカレンダーにクルッとしるしを付け、日付を切って**宣言してしまう**[8]ことだ。

目標の意味

減量目標の話ではないが、若い友人のお父さんの例を挙げよう。メーカーのサラリーマン生活を終え、突然「猟師（りょうし）になる」宣言をして家族を驚かせた。実は誰にも明かさず、還暦・退職のこの日のために密かに狩猟免許や解体の資格まで取り、体を鍛えてきた。

最近の動物保護意識もあって、世間のハンティングへの抵抗感はやや強い。ただし、このため野生動物が増えて田畑が荒らされ、生活が脅かされて農家が困っているのも事実だ。結果、ハンターの高齢化から猟友会（りょうゆう）でも「還暦なんて若い人」の参加は大歓迎だそうだ。

ところがこのお父さん、肝心の猟銃が「そんなものを家に置いておいたら危険」という家族の猛反対で購入を許してもらえない。しかたないので

8 宣言してしまう

これを心理学で「宣言効果」と呼ぶ。いくら心のなかで固く誓ってもいても、自分ひとりの気持ちは簡単に崩れる。誰かに公言することで、常に自分にプレッシャーをかけることができる。加えて壁に「減量5kg」と貼り紙をすることで、自分ですら忘れてしまいそうな目標を毎度、再確認できる。お父さんがリビングの壁に「夏までに5kg減量！」と貼れば、あまりの恥ずかしさに、なんとかこれを実現しようという気にもなる。

罠猟をやっているという。それでも毎朝、罠の確認に早朝4時から山に入るだけでもウキウキと楽しそうだという。

別に、目標のために筋トレをしなくともいいのかもしれない。筋トレをすることで生活のなかに**新たな目標**[9]ができる。無理矢理にでも目標を作ろうという気になる。そんなきっかけになることも筋トレの効果だ。

1ヵ月の減量幅は最大体重の3％以内だが……

1ヵ月の減量幅は体重の3％以内に抑える。急激な減量はリバウンドを招きやすいからだ。私の腹筋だけを見ても、脂肪は落ちても、年のせいか皮がシワになってどうしても残る。

理想は月に1％だという。現在70kgの私なら月に約700gだ。ギリギリの上限の方を採用して3％とすると約2kg。これを多いと見るか少ないと見るか。2ℓのペットボトルを手にしてみるといい。これが体から減るのはかなりの変化だ。

ただし、減らしたいのは脂肪だけで筋肉は極力残したいから悩ましい。

9 新たな目標
それが目的となるとむしろ本末転倒だと思うが、筋トレをすると確かに体力もつく。よく眠れる。というか、筋トレをしないと眠りが浅くなってむしろ困る。結果、活動的になるのは確かだ。若い頃にやろうとして挫折したこと、スポーツや楽器や絵画、外国語でもいい。そんなものにもう一度挑戦しようという気力も生まれてくるはずだ。

【実践編】

「朝食論争」[10]はどうでもいい

減量を意識すると、最初に直面するのが朝食だ。これをどうするか……。朝食は摂るべきなのか、摂らない方がいいのか。両者の言い分をまとめるとだいたい以下のようになる。

「朝食食べる派」

・寝ている間にブドウ糖を使い切った状態ではエネルギー不足になる
・空腹状態で昼を食べると血糖値の変動が大きくなり、過食に走りやすい
・食事をすることで「体内時計」がリセットされる
・食べないと自律神経のバランスが崩れやすい
・筋肉のグリコーゲンが不足して筋肉量が減少しやすい（これは、しばしばボディビルダーたちも恐れるので朝を抜かない理由になる）

「朝食食べない派」

・1日トータルの摂取カロリーが結果的には減る

10「朝食論争」 どちらに正義があるのかわからないが、事例として「お相撲さんは朝食を摂らないからあの体型」「朝ご飯を食べない子どもは食べる子に比べて成績が悪い」と、持ち出すのはいい加減止めたらどうかと思う。我々はどう考えてもお相撲さんではないし、成長期の子どもでもない。これは原稿をまとめているライターの怠慢。

・内臓が休む時間が長くなる（年寄りには意外にこれ、大事だと思うけど）
・**サーチュイン遺伝子**[11]（長寿遺伝子）が空腹によって活性化される
・そもそも1日3回食べるようになったのはごく最近の習慣

正解がないのなら、自分にとってどちらのメリットが大きいのか選べばいいだけだと思う。私の場合はかなりいい加減で、朝は固形物を摂らないがBCAAやEAAを摂ったり、低脂肪乳とプロテインは飲んだりする。そうやって少しタンパク質を入れておいた方が、昼食後の血糖値の上昇が抑えられる気がするからだ。これを**セカンドミール効果**[12]という。要は分食だ。

ちなみに、コンテストビルダーは1日3食どころか5食に分けたりする。血糖値の上昇を防ぐという意味では理想的だと思う。ただし、極端な場合は筋肉内の窒素バランスをプラスに保ち筋合成を高めるために2、3時間おきにプロテインを摂取したりする（夜中も起きて飲むと言うが本当かね）。確かに筋肉のためにはいいかもしれないが、人の体は筋肉だけでできているわけではない。

睡眠不足は筋合成を阻害すると言われているから、やめておいた方がい

11 サーチュイン遺伝子
各種ベリーや赤ワインに含まれるポリフェノールの一種を摂ると効果があると話題に（最近、効果がないという説も）。腹八分目がサーチュイン遺伝子を活性化するのは確からしい。

12 セカンドミール効果
1日のうちで最初に摂った食事が、2回目の食後血糖値にも影響を及ぼすという理論。糖質を抑え、食物繊維とタンパク質を多めに摂る。が、ここでつい食べ過ぎると結局、血糖値も上がってしまう。

い。私の場合は、基本的には「排泄の時間」＝朝4時〜12時。「摂取の時間」＝12時〜20時。「吸収の時間」＝夜20時〜朝4時。という「**サーカディアンリズム**[13]」という考え方をベースにするのが合っている気がする。

ボディビルダーが糖質制限をしない理由

「糖質制限」は一時的ブームを超えて、世間的にはかなり定着している。ただし、糖質さえ摂らなければなんでもＯＫというのはあまりに雑だし、偏っていないか。

糖尿病ならともかく、糖質は万病の元とまで言われると、そりゃいくらなんでも言い過ぎではないかと思ってしまう。しかも「糖質制限」か「カロリー制限」か。毎度どちらもエビデンスをかざして正当性を訴えて、素人には正直判断がつかない。わからないものは経験に頼るのがとりあえずはいちばんだ。

ボディビルダーは基本「カロリー制限」で「糖質制限」はあまりやらない。素人なりに自分が経験してみるとわかる。１日の糖質摂取量を１００g以下に落とすと、明らかにバーベルの使用重量が落ちる。重量もだが、仮に１セットで10回上げるとすると、７回目くらいから気力も萎える。も

13 サーカディアンリズム 体には朝から寝るまで、１日のリズムがあるという考え方。動物はもちろん植物などほとんどの生物にある。要は体内時計だ。朝起きたらまず朝日を浴びて体内時計をリセットしろとしばしば言われる。でも還暦過ぎると早起き過ぎる方が問題なんだけど……。

う少し頑張ろうという踏ん張りがきかなくなる。筋肉も脳も完全にエネルギー切れだ。心肺機能の回復も遅く、スクワットなどの場合だとラックに戻したバーベルのシャフトに額をあずけ「ゼェゼェ」と荒い呼吸が止まらない。減量期だと体重の減少に伴って筋量も落ちているから、いっそう苦しくなる。

「脳は糖質がなくても働く」とか「運動時のエネルギーは糖質ではなく、脂質からも補給される」というが、やはり体感としては脳も筋肉も糖質を欲している気がする。糖質の方がエネルギーとして素早く筋肉に運ばれることも、糖質有用説を採りたい理由だ。

私の減量期間の食事

素人の食事内容で、あまり参考にはならないが、いちおう私の減量食を載せておく。コンテストビルダーOさんの減量食も章末に紹介するので、これと比較するとなかなか面白い。あらためて見ると、そもそもいろいろなものを食べ過ぎていると反省させられる。

「体重落ちないんですよ〜」と、トレーナー鈴木さんに嘆いたら、とても言いづらそうに忠告された。

「やっぱりいろいろ食べる人は、ちょっと減量に苦労する人が多いですね。メニューが決まっていると、計算も楽ですし」

食いしん坊は減量に苦労するということだネ。とまれ、以下は、ちょうどこれを書いている前日の食事だ。

●朝7時――マルチビタミン、ＥＡＡ５ｇ、ラクトフェリン、イージーファイバー、オメガ3、珈琲１杯

●朝10時――玄米ご飯（小盛り１２０ｇ）　１杯

鶏肉（若鶏・胸・皮なし）０・25枚

サーモンマリネ　０・５人前

納豆　１人前

長イモ（生）　１人前

アカモク小鉢　１人前

五目ひじき煮　１人前

ブロッコリー（茹で）　１人前

ごぼうの煮物　０・５人前

●昼12時――（トレーニングの前）サツマイモ　１００g

（トレーニング後）プロテイン（+グルタミン）　30g

麹甘酒　２００cc

バナナ（１本）

●間食15時――ギリシャヨーグルト　１カップ

キウィ１個

有機むき甘栗（80g）１袋

●夜６時半――サーロインステーキ（１５０g）１人前

ミックス野菜サラダ　１人前

ブルーチーズ　２片

これで総カロリーが１９５９kcal、タンパク質１２６・３g、脂質79・６g、糖質１６０・９g。通常よりややカロリーオーバーで脂質もかなり多くなったのは、普段だとステーキはヒレなのにサーロインにしたせい。

う〜む、これで減量期といったら叱られそうだけど。それにしても、ステーキ食いながら赤ワインを開けてないなんて！　**自分をほめてやりたくなる。**[14]

PFCバランスが基本

では実際、ボディビルダーをはじめ、筋トレでボディメイクする人間は、どうやって栄養バランスを取った減量を行うのか。

基本は「PFCバランス」を決めた減量が多い。ちなみに人間の体が必要とする三大栄養素がP（Protein＝タンパク質）、F（Fat＝脂質）、C（Carbohydrate＝炭水化物）。総カロリーを抑えつつも、この摂取比率の方が重要だという考え方だ。「**マクロ管理**[15]ダイエット」などとも呼ぶ。

人体の約60％は水分で、15〜20％はタンパク質。水分を除くと、体の約半分をタンパク質が占めている。筋肉の成長に最も重要だから、まずタンパク質の量を確保する。熱量は1gあたり4kcal。

脂質はただ邪魔で厄介なものと思われがちだが、各種ホルモンを分泌するのに必要な原料となり、エネルギーを蓄える働きもある。熱量は1gあ

14　自分をほめてやりたくなる
かつて「水で食事をするのは、蛙とアメリカ人だけ」とワイン漫画に書いたが、ついに私も蛙だ。ちなみにアメリカ人の方は高品質なカリフォルニアワインも登場し、とっくに蛙は卒業している。

15　マクロ管理
マクロ栄養素＝プロテイン、脂肪、炭水化物。この3大栄養素に微量元素であるビタミン、ミネラルを加えると5大栄養素になる。他にも食物繊維には脂肪の吸収を抑える働きがあるので欠かせない。

たり9kcalと大きい。

炭水化物[16]は筋肉のエネルギー源であり、脳の栄養素でもある。熱量は1gあたり4kcal。

①基礎代謝を求める

体組成計があれば、基礎代謝の数字は表示される。なくても計算できる。「ハリスベネディクト方程式」という欧米式の計算式を使うことが一般的だ。ただし、日本人にはやや高めに表示されるというから少々割り引く必要があるかもしれない。体重はkg、身長はcmで計算する。

●男性　66＋（13・7×体重）＋（5×身長）－（6・8×年齢）
●女性　665＋（9・6×体重）＋（1・7×身長）－（7・0×年齢）

ここに活動量に応じた係数を掛け合わせると、必要カロリーが計算できる。

16　炭水化物
いまさらだが、正確には炭水化物＝糖質＋食物繊維であるがここではほぼ同義として述べる。

●活動強度

Ⅰ（軽い）1・0〜1・1
Ⅱ（中等度）デスクワークが主なサラリーマン（1・2〜1・5）
Ⅲ（やや重い）仕事以外にスポーツが趣味（1・6〜1・9）
Ⅳ（重い）ガテン系（2・0）

では体重70kg、身長174cm、年齢66歳、活動量Ⅲの私だとどうなるか。

66＋（13・7×70）＋（5×174）−（6・8×66）＝1446・2kcal
1446・2×（活動強度Ⅲ＝1・6）＝約2314kcal

②目標摂取カロリーを計算する

月に1kg（7200kcal）の体脂肪を落とすには1日に240kcalずつ減らせばいいということになる（7200kcal÷30＝240kcal）。仮に必要カロリーが2300kcalなら約2000kcalに摂取カロリーを抑えれば月に1kg痩せることとなる（2300−240kcal＝2060kcal）。

が、実際には人の体は計算通りにはまずいかない。これはいちおうの目安だ。

③ＰＦＣバランスを計算する

大切なのはこの必要なカロリーのＰＦＣをどういうバランスで摂るかだ。「PFC balance calculator」で検索するとスマホのアプリや計算サイトが見つかるので、これに数値を入力すれば簡単に計算もできる。最初にまずＰ＝プロテインの量を決める。必要なプロテインの量にも諸説あって迷うが、体重の１・２〜3倍という説が多い。私は年齢と腎臓疲労も考え１・5倍程度にしているが、筋トレをしているなら通常は2倍が標準になる。

コンテストビルダーだと3倍くらいにしている人が多いようだ。還暦トレーニーの場合は年齢（加齢ぐあいですな）によって自分で微調整が必要だ。

・必要なタンパク質の量＝体重（kgを取った数字。私の場合は70）×１・５＝１０５ｇ。

１０５×４（タンパク質１ｇのカロリー４kcal）＝４２０kcal

・総摂取カロリーからタンパク質のカロリーを引く。

2000kcal－420kcal＝1580kcal

・脂質は総カロリーの20～30％といわれているので、ここでは20％で計算してみると、

2000kcal×0・2＝400kcal。400kcal÷9（脂質1gのカロリー9kcal）＝約44g

・脂肪とタンパク質を除いたものが炭水化物となるので、

2000－420－400＝1180kcal

1180÷4（炭水化物1gのカロリー4kcal）＝295g

まとめると、タンパク質105g、脂肪44g、炭水化物295gとなる。

炭水化物が決め手

PFCバランスも重要だが、どの**タイミング**[17]で何を食べるかも大切だ。先にも述べたがトレーニングの前に炭水化物の量が少ないとパワーが出ない。トレーニング後に糖質を摂らないと筋肥大が起きにくい。

私の場合、トレーニングが昼なので、朝食でいちばん多く炭水化物を摂った後は、トレーニングを挟んで炭水化物を摂る。活動量が落ちる夜はできる限り炭水化物は摂らない。炭水化物で筋トレを挟むのは二つの理由だ。

17 タイミング 炭水化物摂取のタイミングは、その種類も関わってくる。トレーニング前にGI値の低い玄米を食べるのと白米を食べるのとでは、「筋肉に届く」糖質の時間が違う気がする。最近の胸トレ、1種目目のベンチプレスがシャフトを握った瞬間に「重い！」と感じる。ところがトレーニングを続け最後にやっと力が戻って来るのがわかる。こんなことなら最初から玄米じゃなく白米にしておくんだった。

①糖質を筋トレ前に摂ることでトレーニング中のエネルギー不足を防ぐ。45〜60分程度の筋トレでも体内のグリコーゲンの約半分が消費されるとも言われている。体内に糖質が欠乏している状態で筋トレを行うと、エネルギーを筋肉から補充しようとするため、筋分解が起こってしまう。

②トレーニング後は、すぐに糖質とタンパク質を組み合わせて摂取することで、筋肉を回復させることができる。このときの炭水化物は消化に負担がかからずすぐに栄養吸収されるタイプの糖類がいいといわれている。脂肪分の少ない和菓子類が人気だ。液体の方がいっそう吸収が早いと思うので私は甘酒。トレーニング直後に摂った糖質は、消耗した筋肉内のグリコーゲン補填に使われるため、脂肪になる前に吸収される。

私の場合、どんなタイミングで炭水化物を摂るか。トレーニングの2時間前に食事（私なら朝食）。1時間前に小さなおにぎりなどの糖質、そして30分前にバナナ。トレーニング後は**プロテインと甘酒**[18]（バナナをトレーニング後にすることもある）。これが多分、標準的だと思うが。トレーニー

18 プロテインと甘酒
コンテストビルダーのなかにはプロテインを水以外で割るのは、せっかくのタンパク質の吸収速度を悪くするから、水でしか割らないとか、直接口に含んで水で流し込む（いわゆるビルダー飲み）という人もいる。確かにその通りかも知れない。が、美味しくなったとはいえ、正直水だとあまり飲みやすくはない。

のなかには、トレーニング中にも**マルトデキストリンやクラスターデキストリン**[19]などの粉末糖類を摂る人もいる。

タンパク質という教養

実はここまで、きちんとした栄養学的なことやタンパク質が体に取り込まれてからの働きなどについてはほとんど述べていない。言葉の定義もかなりあやふやなまま書き進めてもいる。専門家ではないからという言い訳もあるが、専門的な話は専門書を読んだ方が間違いなくしかも面白い（ここでいう専門書は筋トレの本という意味ではなく、医師や科学者が一般読者向けに書いた書籍という意味だ）。

そのなかで、こんな表現を読んで感動してしまった。

「私たちの身体を作っているタンパク質はおよそ10万種類ほどもあり、1個の細胞のなかには80億個ほどのタンパク質が働いている。1個の細胞あたり、1秒間に数万個も作られているのがタンパク質である。特定のタンパク質に限っても、赤血球のなかにあって、酸素を運ぶのに大切なヘモグロビンは、全身で1秒間に1000兆個ほどが作られるとされている。

19　マルトデキストリンやクラスターデキストリン
グルコースと同じくらいの速いスピードで吸収され、即エネルギーになる。カロリーや消化・吸収効率は砂糖と同じだが、甘さは砂糖の約10分の1で、飲みやすい。これより消化がいいのがクラスターデキストリンで水にも溶けやすい。

とんでもない量である。なんとも気が遠くなるような話であるが、これだけのタンパク質を作り続けるために、アミノ酸が常に必要であり、そのために肉をはじめとするタンパク質食品を摂らねばならない」（『知の体力』**永田和宏**[20]著 新潮新書）

まるでアニメの『**働く細胞**[21]』ではないか。どんな筋トレ本より的確で正確になおかつ感動的にタンパク質の必要を説明してくれている。

筋トレをきっかけにもう少し体のことを勉強したいなら、お手軽なハウツー本ではなくきちんとした本をおすすめしたい。同じ著者の『生命の内と外』（新潮選書）とか『タンパク質の一生』（岩波新書）も読み物として面白かった（ただし、決してわかりやすいとか素人でも簡単に理解できるという意味での面白さではない。単語に馴染みがないから油断するとすぐに文脈がわからなくなる）。

著者の永田和宏先生は日本を代表する細胞生物学者でタンパク質の第一人者で……ということは、実は筋トレを始めるまではまったく知らなかった。

何か新しいことを始めたときに、思いがけない場所で思いがけない名前

20 永田和宏 歌人で細胞生物学者。『人生の節目で読んでほしい短歌』（ＮＨＫ出版新書）、『近代秀歌』（岩波新書）などの著書がある。と、同時にその妻で歌人の故・河野裕子の「手をのべてあなたとあなたに触れたきに息が足りないこの世の息が」という辞世となった歌の強さに圧倒された。ぜひ短歌集も読んで欲しい。

21『働く細胞』 人間の細胞を擬人化して、体に入った細菌などと戦うアニメ。キャラクターが可愛くて、その働きや役割も思いのほか正確。原作は清水茜の漫画。

に出くわすと嬉しくなる、と本書のコラムでも書いた。さながら旅行先で旧知の友と出会ったような気分だ。これはやや脇道の話。

なぜプロテインが必要か

言葉の定義があやふやと言ったが、**プロテイン**[22]という言葉も単にタンパク質という意味で使ったり、**サプリ**[23]としての粉末プロテインという意味で使ったりと、厳密な使い分けはしてこなかった。これから述べるプロテインは食事から摂るタンパク質ではなく、サプリとしてのプロテインの意味だ。

そもそもなぜプロテインが必要なのか。1日に必要なタンパク量を食品からだけ摂ると、どうしても脂肪も同時に摂取して、この合計カロリーが意外にバカにならないのだ。たとえば完全栄養食といわれる卵だ。茹で卵にするとタンパク質7・7gに対しカロリーは91kcal、脂質は6gある。これは意外に大きな量を占める。

EPA、DHAで人気の青魚はどうか。サバ水煮缶でみるとカロリーが322kcalに対し、タンパク質は26・4g、脂質は24gもある。皮なし鶏胸肉なら同じ程度のタンパク質を摂るのに脂質は2g以下だ。そして粉末プ

22 プロテイン
古代ギリシャ語「プロテイオス」が語源。意味は「最も重要なもの」。

23 サプリ
若いトレーニーやコンテストビルダーだと、1日3～5回、むしろそちらの方が食事ではないかというくらいにプロテインを摂取するので、普通の食事の方がオマケのサプリに見えてくる。

ロテインなら脂質はほぼゼロである。

あくまでタンパク質摂取ということだけに限ると、食事だけで必要なタンパク量を摂りつつ脂肪を抑えるのは、かなりメニューが限られてきてしまう。少し昔のコンテストビルダーが「ビタミンとミネラルはブロッコリーで、炭水化物と食物繊維はサツマイモと白米（ないし玄米）、タンパク質は鶏胸肉とプロテインで摂る」というのも、栄養バランスとしてはある種、理想の最終形ということになる。ま、還暦過ぎるとここまでストイックになりきれないが。そもそも「もっと美味しく食べたい」などと普通に思ってしまうところが、もうひと絞り減量ができない理由だと、自分でもわかっている。

プロテインの種類と分量

少しでも経験のあるトレーニーなら蛇足（だそく）な説明かもしれないが、いちおうプロテインの種類についても書いておく。

プロテインには大きく分けて動物由来（ホエイプロテイン）と植物由来（ソイプロテイン）の二つがある。他に凝固性タンパク質のカゼインを使ったプロテインもある。カゼインのプロテインは吸収スピードが遅く満腹感が続くので寝る前に摂取したりする。

ソイプロテインもカゼインプロテインと同じく消化吸収速度がゆっくりなため、満腹感が持続しやすいといわれている。ただし、基本的に味わいは大豆を粉にした「きな粉」なのでどうしてもやや粉っぽく飲みづらい。このため最近はホエイが一般的で、種類も味も豊富だ。

ホエイプロテインも製法によって、次の三つに分けられる。買うときはいちおうチェックした方がいい。機能もだが、味（フレーバー）を含めて体に合う合わないは意外にある。

「ＷＰＣ」（ホエイプロテインコンセントレート）＝最も一般的なプロテインで価格もいちばん安い。ただ乳糖が多いので乳糖不耐症など牛乳でお腹を壊す人は下痢をしたり、お腹が張ったりしやすい。とはいえ、日に何度も大量に飲む場合は価格も重要だ。

「ＷＰＩ」（ホエイプロテインアイソレート）は「ＷＰＣ」より高価な分、グラムあたりのタンパク質含有量が多く炭水化物が少ない。これも精製方式により、クロスフローマイクロフィルトレーション（ＣＦＭ）とイオン交換法がある。

「WPH」（加水分解ホエイペプチド）は、ホエイプロテインのなかでいちばん精製されているため、グラムあたりのタンパク質含有量がホエイプロテインのなかで最も多く、WPCより粉末の粒子がとても細かいのですぐに溶ける。息を吹きかけただけで飛び散るほどだ。ただしホエイプロテインのなかではいちばん高価。

プロテインの吸収は基本一度に20g程度といわれているが、高齢者の場合は40g前後までは合成が伸びるという説もある。必要以上に摂ってもただ脂肪になったり、腎臓に負担がかかったりもあるだろうから、これは悩みどころだ。ただし、まったく摂らないと、筋肥大の効果はともかく、疲労の回復は明確に遅くなる気がする。

私のプロテイン

珍しい物好き、新しい物好きだから、プロテインやサプリは海外通販で注文することが多い。

「Myprotein」は英国メーカーのブランドでジム用品からウエア、各種サプリまで自社ブランド名で幅広く取り扱っている。ジムでもここのロゴの入ったウエアはしばしば見かける。プロテインの価格は安い。ただし注文してから届くまで時間がかかる。通関時期にもよるだろうが、3週間以上かかることもある。「飛行機じゃなく、あれは絶対に伝書鳩が運んでるよなぁ〜。頑張れ鳩」と、気長に待つしかない。

気に入ったプロテイン[24]など、消耗品がある場合は早め早めにオーダーしておく。フレーバーは一般的にはチョコレート系が人気だが、私はミルク系の味が好きだ。「北海道ミルク味」（かなり甘いが美味しい）なんていうのもあって、日本マーケットをずいぶん意識しているようだ。ちなみに「ビーレジェンド」の「ペコちゃんミルキー風味」というのもかなりそそられるが、今のところ手を出していない。

「iherb」はアメリカを中心に世界各国に展開する健康食品やサプリを扱う大型オンラインストア。配送が早い。ウエアやジム用品などは「Myprotein」ほど充実はしていないが、オーガニックの食料品などが豊富でついついハ

24 気に入ったプロテイン
プロテインには本文で触れた分類以外にも、「ホエイ・ペプチド」「オーガニック」「グラスフェッド（放牧牛）」などなどいろいろあって、つい買ってしまう。な〜に、いざとなれば非常食になるさ。

ーブやチョコレートなど余分なものを頼んでしまう（チョコレートは夏の期間は注文できないが安くて高品質）。ＢＣＡＡやＥＡＡなどのサプリもいろいろなメーカーを扱っていて当然味のバラエティも豊富だ。

還暦コンテストビルダーの減量期の食事

本気で減量をしているコンテストビルダーはどんなものをどう食べているのか。Ｏさんにある日の1日のメニューをメールで送ってもらった。

●朝食――（ほぼ毎日同じでフルーツだけ変わります）低脂肪乳で割ったバルクスポーツのビックホエイ（フレッシュミルク）バナナ1本入り、オートミール30g、フルーツ、ＭＣＴオイル大さじ1。

●サプリ――グルコサミン＆コンドロイチン、テストフェン、マルチビタミン、ビタミンE、カルシウム＆マグネシウム、オメガ3、ビタミンD

●午前中のトレーニング中――EAA15gを水500ccで。

●トレーニング後――帰宅後、ホエイプロテイン25g、グルタミン15g、クレアチン5gを水素水で割って。

●昼食――焼き野菜、温泉卵、葉物、鶏胸肉グリル150g。炭水化物は朝から3時頃までにサツマイモ150〜200gを小分けにして食べます。この他に珈琲は1日4杯。

●午後のトレーニング後――ホエイプロテイン、ダブルリッチチョコレート25g

●夕食――カツオの刺身200gとブロッコリー、サラダ。

「チートデイのカロリーについて。以前は好きなものを好きなだけ1日中食べまくっていたけど、さすがに月曜、火曜まで影響が残るので最近はちゃんとした普通の食事を朝昼晩摂り、プラスして好きな甘味をひとつ。ホットケーキ、あんぱん、バウムクーヘンが多い。

アルコールも少々ほろ酔い程度に。つまみはナッツ系、チーズなど。減量期、チートデイどちらもカロリー計算なるものをしたことがありません。一日中、毎朝毎晩体重計に乗ることと、自分の体の些細な変化に気を配ることくらいです。当然、**ＰＣＦバランスなど管理していません**[25]」

25　ＰＣＦバランスなど管理していません
「あすけん」に食事内容を入力してＯさんのＰＦＣバランスを計算してみた。総カロリー＝１６３８kcal、タンパク質１８９・２g、脂質31・４g、糖質１３８・３g。ＰＦＣバランスはもちろん、カロリー計算も一切しないそうだが、なんと言っても30年の経験。身長１６４・５㎝、体重60kgのＯさんの減量期ＰＦＣバランスとしては理想的なのかもしれない。

コラム　リブレで血糖値をチェックしてみた

還暦を過ぎてくると、誰でも血圧や血糖値が気になりだす。私の場合、血圧は問題ないが、血糖値は119mg／dl、HbA1cが6％でやや高め。ちなみに血糖値が高くなると肥満しやすくなるという。簡単にいうとこういう理屈だ。人が食事をすると血糖値が上がる。これに反応してインシュリンが分泌され筋肉などにエネルギーとして糖を送る。このときに余分な糖が残っている＝高血糖だとインシュリンはこれを脂肪細胞に送ってしまう。結果、脂肪が増え肥満になる。

何より問題なのは血糖値の急上昇と急降下で、これを「血糖値スパイク」という。血管を傷つけ、各種成人病の原因にもなる。食後の急激な眠気もこの「血糖値スパイク」が原因のようだ。これを防ぐには血糖値の値が70～140mg／dl内に収まっていればいい。

「低インシュリンダイエット」や「低GIダイエット」は、この血糖値をコントロールすることで痩せるという方法だが、明確な数値目標は自分ではなかなか計測しにくかった。血糖値の測定は指先などで採血して自分で測定する機器があるのは知っていたが、測定のたびに針を刺すのは正直ちょっと怖い（痛くはないらしいけど）。

そこで「FreeStyleリブレ」を試してみた（写真）。もともとは医療機器で、糖尿病患者がインシュリン注射を使用したときに、血糖値が下がり過ぎないようにチェックするために生まれたようだ。なかなかの優れもので、腕に装着したセンサーが24時間ずっと血糖値を計測する。これに読み取り装置を近づけるだけで「ピッ」と、そのときの血糖値がわかる。1日の血糖値の変化はグラフとしてプリントアウトすることもできるから、糖尿病が心配な人はこれを病院に持っていけばいい。

連続で血糖値を測ってみると、いろいろな発見があった。たとえば「低糖質ダイエット」などでは、糖質の摂取が血糖値を上げる最大の要因と必ず書いてある。ところが、私の場合、熱い風呂に入ったときの方が、むしろ血糖値は大きく上がった。体へのス

自己血糖測定器 リブレ

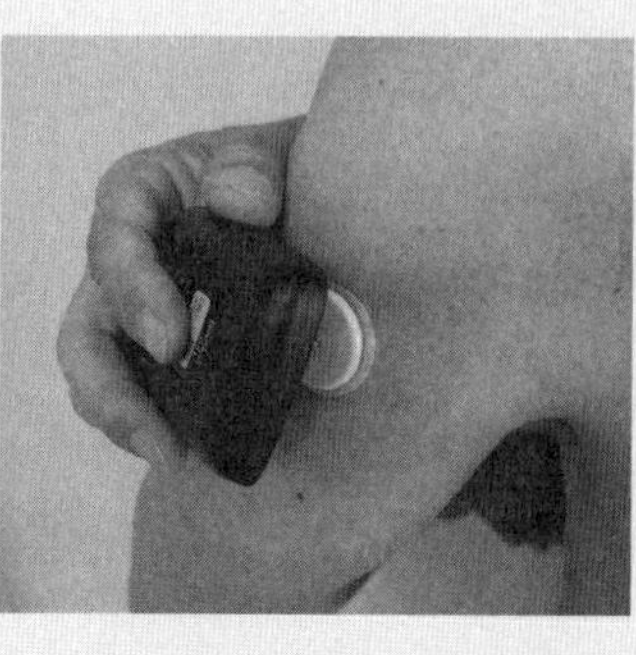

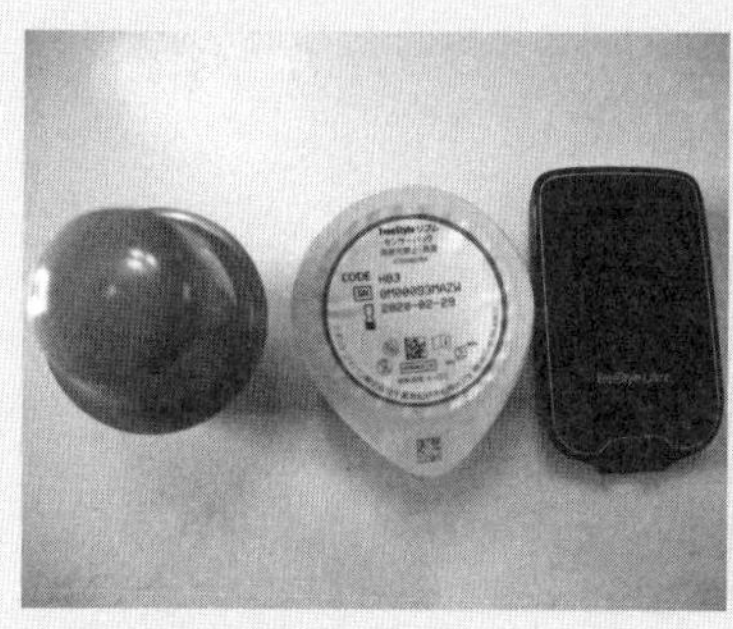

トレスで血糖値が上がるのかもしれない。

血糖値が高い人は食後15分後に、15分程度の運動をすると血糖値の上昇を抑えられるともいわれてきた。有酸素運動だと効果があるようだが、筋トレの場合はむしろ逆に血糖値が上がって驚いた。

素人なりに憶測してみる。まず、筋トレをすると筋肉から成長ホルモンが分泌される。成長ホルモンはインシュリンの働きを抑えるので、糖質が細胞に送られずに、血中の糖質が増え数値が上がるのではないだろうか。素人考えなので気になる人は専門医に確かめて欲しい。

食事の回数だけはかなり明確に違いが出る。普段は日に2食か3食。8時間ダイエットをやっているから朝6時に起きても最初の食事は9時〜10時になる。空腹時間が長いと最初の食事後、血糖値は急に高くなる。そこで朝起きたら、プロテインだけ摂ってみた。

糖質ほとんどゼロのプロテインでも血糖値は少し上がる。しかしその後、朝食を摂ると1時間後、2時間後の血糖値の数値は1

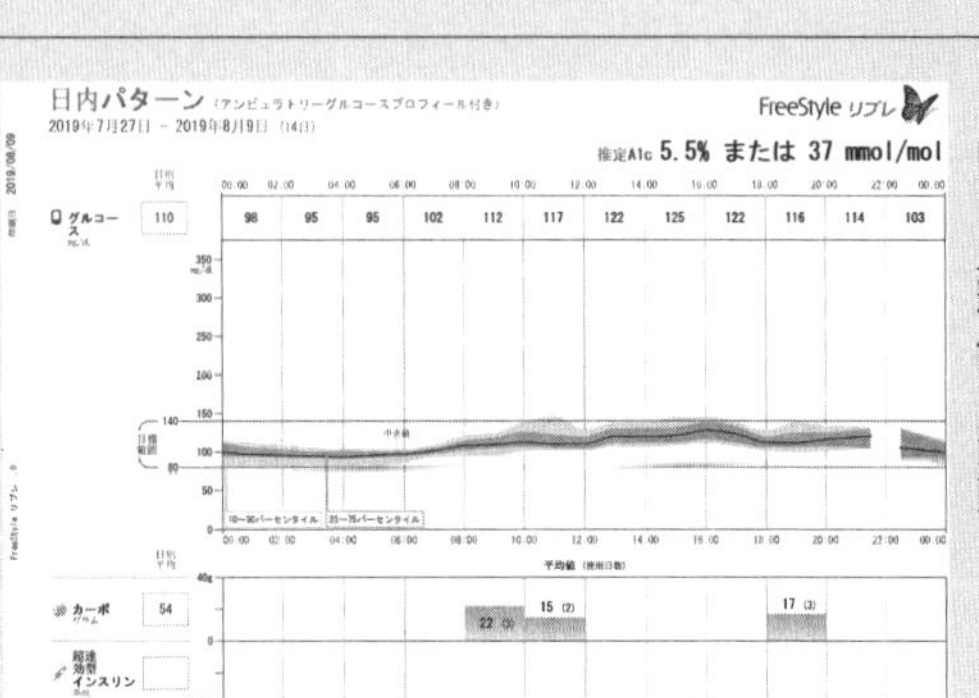

日中の血糖値の変動

40mg／dlをわずかに超えた程度でなんとか収まった。夕食の量も3時と6時に分けてみると、これも血糖値の安定には役立った。血糖値という観点から見ると、1日3食ではなく5食という考え方は正しいかもしれない。

ちなみに、酒を飲むと血糖値は急低下した。多分、肝臓にとってアルコールは少量でも毒素なので、まずその能力をアルコール解毒に費やしてしまうため、栄養を利用することができない。つまり血糖値が上がらないので徐々に低血糖になるのではないだろうか。これも正しくは医師に訊いて欲しいが、飲んだ後、深夜の「ラーメン食いたい！」衝動の理由が少しわかった。

毎月ずっと装着するのではなく、月に1度とか2ヵ月に1度ずつチェックするだけで血糖コントロールのコツがわかって面白い。

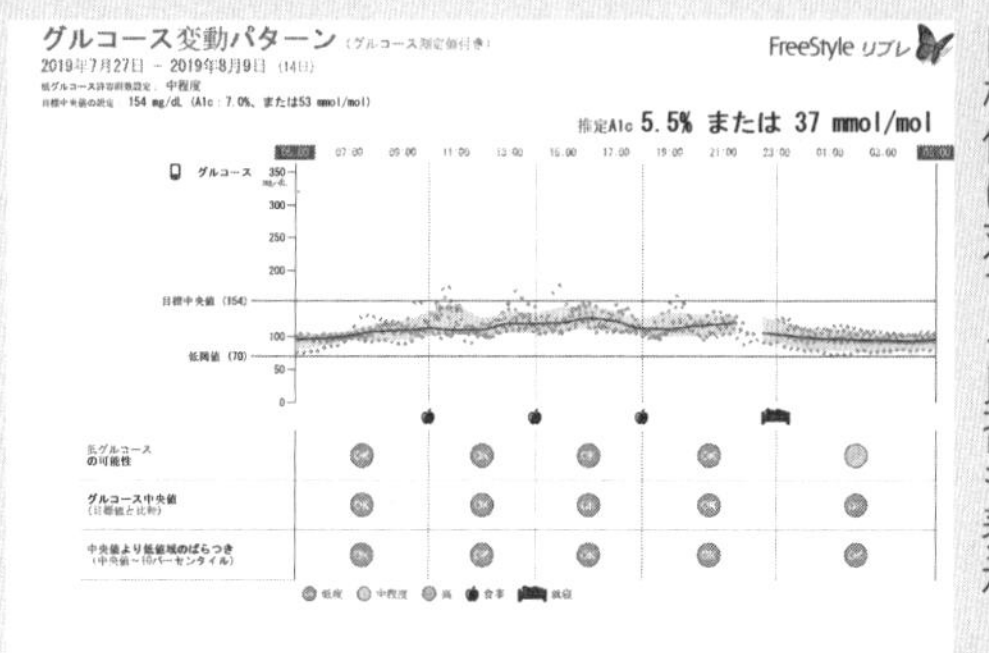

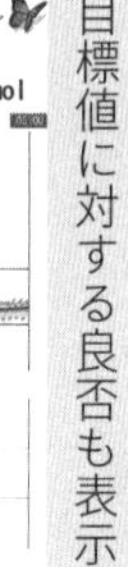
目標値に対する良否も表示

第6章
世界一美味しい
サラダチキンを激安に作る

コンビニのサラチキは高い！

「コンビニのサラチキなんて高くて買えない」と言ったら「ケチ！」と呆れられたが、これは本音だ。コンビニのサラチキ＝サラダチキンは１００gで２００円以上もする。その上、世間はアレが「シットリしてジューシーで美味しい」なんて喜んでいる。食べる物がない災害時の非常食とか、外出先での緊急タンパク質補給というなら諦めもしよう。確かに１００gで20g程度のタンパク質が摂れる。何度か外出時に食べたが大概は後悔した。アレを美味しいと言われると、そりゃいくらなんでも青少年の味覚は大丈夫かと心配になる。

多分、肉に圧を加えて無理矢理調味液を染みこませているのだろうが（サラチキ屋さん、間違っていたらゴメン）、その調味液がケミカルで耐えられない。肉の中心部までしっかり加熱しなければならないという食品衛生上の問題もあるのだろうが、**加熱**[1]し過ぎで、あれじゃシットリどころかパサパサに感じてしまう。

「ヒマなオヤジの料理自慢かぁ〜」と思うかもしれないが、それは違う。私、こう見えてモトが取れない料理は作らない。つまり自分で作った方が圧倒的に美味しくかつ失敗がなく、絶対に安くなければ手は出さない。

1 加熱
食材を加熱し過ぎない調理法「低温調理」では、「63度30分間」（法に規定される加熱殺菌条件）というのがひとつの基準になっている。市販品は多分、もっと加熱しているのではないだろうか。ただし自作するときは、特に夏場などは、30分過ぎたら鶏肉をお湯のなかに放置せず、引き上げて冷蔵庫へ。残りのお湯は顆粒の鶏ガラスープの素を少し加えてスープに。

まず、原価だ。コストコとか肉のハナマサなどの食肉大手スーパーなどで安く買えば国産鶏胸肉は1枚（250〜300g）が100〜150円程度で買える。原価だけ考えてもコンビニ・サラチキの半分以下だ。セールのタイミングならもっと安いはずだ。それだけなら手は出さない。手作りすれば材料原価半分以下のものなんて世間には山ほどある。

問題は味と手間だ。これで味が同じならやはり買う。あるいは手間がとてもかかるとか、プロのテクニックが必要というなら、やはり買う。しかしサラダチキンはそんな世界とは無縁だ。お湯を沸かすことができる幼稚園児なら、確実に間違いなく、市販品より美味しいものができる。

さて、最初に用意するのが「塩麹」だ。「えっ、何だそれ？」と料理無縁の男子（女子も）なら言うかもしれないが、麹に食塩と水を加え、しばらく置くとでき上がる発酵調味料だ。市販品もあるが、乾燥麹と塩さえスーパーで買ってくれば簡単に、なおかつ勝手にでき上がる。そして何より、手作りなら安いからたっぷり気にせず使える。

塩麹を作る

用意するもの——乾燥米麹200g（たいがい200gワンパックで販売

されている)、食塩(普通の塩でいいが岩塩ではなく海水塩を使用)70g、水200cc。

・材料を合わせる――ボウルのなかに塩と麹を入れ、揉みほぐす。これを器に入れたら200gの水を入れる。麹の種類によって水加減は少し変わるが、分量は塩+麹がヒタヒタに浸かるくらいでいい。

・混ぜる――これを夏場なら冷蔵庫に入れ(それ以外の季節なら出しっぱなしでOK)日に1度上下を返すように混ぜる。

・完成――一週間ほどすると、麹の粒が潰れ全体にトロトロになる。これで完成。

麹のかすかな甘みとコクに塩味が加わって意外に複雑な味わいになっているはずだ。鶏胸肉の漬け込み以外にも、残り野菜を袋に入れて塩麹を加えれば、簡単に漬物もできる。鶏肉だけではなく、牛肉、豚肉でも同じように利用できる。漬け込むことで肉は柔らかくなり、麹のコクとかすかな塩味もつくので、その後の味付けはいらない（私は鶏胸肉の漬け込みには、塩麹と同時にチューブのおろしニンニクも少々加えて味を少し複雑にしておくことが多い）。還暦トレーニーにとって塩麹が嬉しいのは、普通に塩で味を付けるより、塩分も少なくなるので減塩効果もあることだ。

鶏肉の準備

まとめ買いした**鶏胸肉の皮**[2]を取り、フォークでブスブスと肉を刺す。これは味を染みこみやすくするためで、面倒なら省いてもいい。ここに塩麹を表裏に塗る。やはり面倒なら鶏胸肉をビニール袋に放り込み、その上から塩麹を落としてもいい。私の場合は鶏胸肉1枚につき、塩麹は大さじ1杯。ビニール袋1枚に鶏胸肉2枚を入れるので塩麹も大さじ2杯だ。袋の上から鶏胸肉を揉んで塩麹をなじませる。

すぐに食べる1回分は冷蔵室に、残りはまとめて冷凍してしまう。鶏胸肉2枚を2～3日で食べるので、冷凍したものを食べるときは前日に冷蔵庫に入れ、一晩かけて解凍しておく。

2　鶏胸肉の皮
この皮はフライパンに広げ、上から押さえつけてカリカリに焼き上げると「鶏皮せんべい」になる。塩を振って酒のつまみになるので、誰かに食わせるといい。このときに出た鶏油（中華のチーユ）も料理に使えるが、そもそも脂質を抑えたいのでこれも自分の料理では使わない。

世界一簡単で柔らかい、しっとりサラダチキンの作り方

「サラダチキン」を作るための調理方法は二通りある。「茹でる」か「蒸す」かだ。「蒸し器なんて見たこともない」というかもしれないが、今どきは「100均」でも売っている（写真の蒸籠は横浜中華街のものだからもう少しお高いが、性能は変わらない。要は沸騰した鍋の上に重ね、蒸気を当てるだけ）。

「茹でる」と「蒸す」。どちらにもメリットがある。

①鶏胸肉「茹でる」タイプ——いちばんの利点は簡単なことだ。鍋に鶏胸肉がかぶる程度の水を張って沸騰させる。お湯が沸騰したら塩麹がついたままの鶏胸肉をドボンと入れる。お湯はいったん沸騰をやめておさまる。このお湯が再沸騰したら（多分1分くらいだ）火を止め、蓋をして30分放置。これで完成。

鶏胸肉を調理する上でのいちばんのポイントは、火を通し過ぎないこと。火が通っているか心配なら肉のいちばん厚い部分を少々カットして味見。真ん中に赤身が残っていなければ大丈夫。鶏胸肉は、冷凍でなければ冷蔵庫から出したばかりでもＯＫ。

【 鶏胸肉の下ごしらえ 】

①鶏胸肉は、セールのタイミングでまとめ買いしておくのがおすすめ。

②皮を取り、フォークでブスブスと刺した鶏胸肉に、塩麹を表裏塗る。塩麹の分量は、鶏胸肉1枚あたり、大さじ1杯が目安。

③袋1枚に胸肉2枚、塩麹2杯を入れ、袋の上から肉を揉んで塩麹をなじませてもよい。このまま冷凍しておくこともできる。

【 塩麹を作る 】

①用意するのは乾燥米麹200gと食塩（海水塩）70g。この他に水を200cc。

②ボウルのなかに塩と麹を入れ、揉むようにしてほぐす。一粒ずつバラバラになるように。

③器に入れたら200gの水を入れる（ヒタヒタに浸かるくらい）。夏場なら冷蔵庫、それ以外の季節なら出しっぱなしで、日に1度、上下を返すように混ぜる。麹の粒が潰れ、全体にトロトロになったら完成。

私は、ついでにこのお湯でブロッコリーも茹でてしまう。鶏胸肉を引き上げた残りのお湯で1分半から2分ほど茹で、これでブロッコリーも完成。私は気にしないが、このときに溶け出した塩麹がブロッコリーにまとわりつくのがやや問題ではある。また茹でるとどうしても水っぽくなるのは次の「蒸す」にかなわないところ。とはいえいちばん簡単だ。

②鶏胸肉「蒸し」タイプ——蒸籠に鶏胸肉を置く。写真では2段蒸籠を使ってブロッコリーも同時に蒸しているが、1段しかなければ鶏胸肉と一緒に蒸してしまう手もある。ただし、鶏胸肉は蒸し時間15分程度、ブロッコリーは2分程度の蒸し上がりなので、時間差を計算して鶏胸肉の後からブロッコリーを加えるのが少々面倒ではある。

だがこの「蒸す」メリットは、なんといってもブロッコリーが色よく仕上がり、栄養も逃げないこと。鶏胸肉の方も茹でるより少し固め、それこそハムのような食感の仕上がりになる。何よりいいのは、蒸籠をそのまま食卓に運んで食器にもなることだ。

【蒸して作る】

蒸し時間は15分程度。

ハムのような食感に仕上がった。蒸籠ならそのまま食卓に運んでも絵になる。

【茹でて作る】

①沸騰したお湯に、塩麹がついたままの鶏胸肉をドボンと入れる。

②再沸騰したら火を止め、蓋をして30分放置すると完成。

薄切りにして片栗粉をまぶした鶏胸肉と野菜を一緒に蒸すこともできる。

③塩麹鶏胸肉を他の調理に使うコツ

薄切りにして普通の、たとえば野菜と一緒に炒めるときのためのポイントを2点だけ。

ひとつは鶏胸肉の切り方だ。鶏胸肉をよく見ると、真ん中に縦の線があり、これにそって葉脈のように筋が外に広がっている。まず真ん中から二等分したら、この筋を断ち切る方向で包丁を入れる。もうひとつはこうやって薄切りにした鶏胸肉に、調理前に片栗粉をまぶすこと。ただ茹でてしゃぶしゃぶ風にしても、カリッと表面を焼き上げても、肉が保湿され柔らかさが残る。

【そのまま食べてもいいけれど…】

和風おろしポン酢

大根をおろしたらザルで水気を切り、ポン酢をたっぷりと加える。大葉やカイワレ大根、トマト、青ねぎなどを添えても美味しい。

中華風ねぎダレ

醤油、酢、オイスターソースにすりごまとみじん切りの長ねぎを加え、おろし生姜をお好みで。白髪ねぎと千切りの胡瓜を添えれば完璧。
※増量期にはごま油を加えても。

洋風ラビゴットソース

胡瓜、玉ねぎ、トマトを刻んで酢、塩コショウで味を整え、チキンにのせる。ラビゴットとは、「元気を出させる」の意味。
※増量期にはオリーブオイルを加えても。

【　サラダチキンのできるまで　】

STEP 1　**塩と乾燥米麹を用意する**
(A) 塩麹を作る　(B) 市販の塩麹を買ってくる

↓　↓

STEP 2　**鶏胸肉を準備する**　(鶏胸肉の皮を剥いだらフォークで刺す)

↓

STEP 3　**鶏胸肉に塩麹を塗る**

↓

STEP 4　**袋に入れクリップで留める→冷凍保存**

↓

STEP 5　**鶏胸肉を調理する**　(鶏胸肉を解凍しておく)

↓　↓　↓

茹でる　**茶籠で蒸す**　**他の料理に使う**

味付け　和風おろしポン酢
中華風ねぎダレ
洋風ラビゴットソース　など

コラム

超低脂肪・高タンパク！ カンガルー肉を食べてみた

カンガルー肉＝ルーミートが日本でも通販で買えるようになったので、食べてみた。

　100gあたりのタンパク質は23・6g。脂質は0・9g。鶏胸肉はタンパク質23・3gで脂質は1・9gとほぼ同等だが、脂肪燃焼効果があるとされる共益リノール酸は25％（鶏胸肉は15％）あり、これは全食品のなかで最も高いという。飼育肉ではなく、自然の野生カンガルーなので抗生物質などの心配もない。オーストラリアでも増え過ぎて困っているというから、日本でいうなら鹿肉にあたるのかもしれない。

　まず普通に焼いてみた。塩胡椒だけで食べると、やや鉄味が強く、かすかに野生の香りもある。気になる人は気になるだろうが、私は全然大丈夫。難しいのはむしろ焼き方だ。牛肉でも脂のない赤身肉は焼くのが難しい。

串焼きにもしてみた。バーベキューならウケそうだ。ニンニク

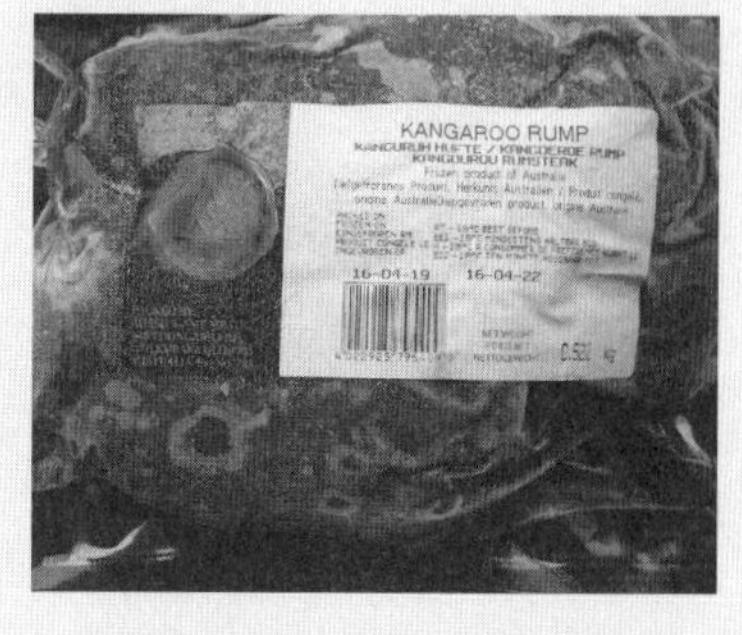

と塩麹に1日ほど漬ければ柔らかさも増し、匂いもいっそう気にならないかもしれない。

美味しかったのはハンバーグ。独特の野生の風味がうま味に感じる。これはしばらくしてまた食べたくなる「やみつき味」。

とはいえ、ステーキのときは正直「やっぱり牛のステーキの方が美味いかな」と思った。あらゆる家畜は人が食べて美味しくなるように、長年かけて品種改良が行われているからだろう。

ハンバーグのためにはカンガルー肉をミンチにする必要がある。私はフードプロセッサーを使ったが、むしろ包丁でトントン叩いた方が粗挽きで美味しい。

第7章
「プラトーを打ち破れ」の悶え

停滞期がやってきた

停滞期のことを「プラトー（plateau）」という。語源は高原。その名の通り、同じトレーニングをやっているのに、後退もないが進歩もしない、まさに平らな高原状態のことだ。

本書を書き始めて1ヵ月ほどで体重は2kgのダウン。目標は体脂肪率10%前半のシックスパック！　あと残り2ヵ月で4kgの減量を申し渡されたがこの調子ならなんとかなりそうと思っていた。

ところが、1ヵ月が過ぎ体重は70kgからピクリとも動かない。私の場合、夜から朝でだいたい1kgの差が出る。面白いことに前日の夜、1kg以上増えても朝になるとちゃんと70kgまでは落ちる。逆に前夜がほぼ71kgなので、少々おまけして翌朝は念願の60kg代にならぬかと思うが、これが叶わない。さながら目に見えぬ頑固な70kg防衛ラインが張られているかのように跳ね返してくる。

「これが停滞期というヤツね」と、最初はノンキに構えていたが、さすがに1週間2週間と続くと焦ってくる。**食事記録にない**[1]「冷蔵庫を開けたときのつまみ食いの一口がいけない」とか「水が足りないんじゃないか」とか「カロリー制限と決めているのに、ときどきは低糖質と低脂質の間で行

1　食事記録にない　運動量はつねに過大に、食事量はつねに過小に評価するというのはまぁ、楽天的な性格のせいだ。

ったり来たりになっているからダメなのかも」と、どんどん悩んでくる。

しかし、問題が体重だけなら諦めもする。なんなら原稿アップの方を少し後にずれこませ、その間に減量すればシックスパックもなんとかなるだろう。と、ずるいことを考えていた。

体重は落ちないのに筋力だけは落ちる

ところが、減量するにしたがってトレーニングで上げるウエイトが落ちてくる。これが思いのほか**悲しい**[2]。まったくの初心者なら1年で挙上重量も10kg、20kgと簡単に増える。しかし還暦トレーニーともなれば、ベンチプレスで1年10kgを増やすのは増量期でもまず不可能だ。

たとえば「SEIBUGYM」でのトレーニング。今まではベンチプレス62・5kgを10回は多少の余裕を持って上がっていた。もう少しでウエイトを増やしても大丈夫そうだ。ゴールドジムの自主トレでも75kg5回が見えてきた。ところが、減量が停滞するのと同時に筋力もどんどん落ちてくる。その理屈はわかる。

摂取カロリーが減る→エネルギー不足になって力が出ない→力が出ないから筋肉への刺激も弱い→筋肉自体が細くなる→筋力と筋断面積は比例す

2 悲しい
日に日に挙上重量が落ちるのでつい「減量なんかやめちゃおうか」という気にもなる。ボディメイクに挙上重量なんて関係ないと頭でわかっていても悲しくなる。あなたも筋トレを経験してみればすぐわかるはず。

るからいっそう力が出ない。厳密にいうとそんなに単純なことではないのだろうが、トレーニングの密度が落ちる気がするのは確かだ。

ここで挙上重量をなんとか死守しないと負のスパイラルに入ってしまう。しかし、どうしても力が出ない。筋力だけではない。6回、7回までは上がっても、そこから先を粘る気力が湧き出てこない。多分、心のなかで「減量中でエネルギー不足だもんしかたないよ」と悪魔が囁いているのも原因だ。ここを頑張らねばと悶えるが、どうしてもダメだ。自分が思いっきり無力に思える。挙上重量が落ちてくると、この1年の努力が、すべて無駄になったような気にさえなる。

別に筋力にはこだわらないのだ。それならせめて見てくれで**変化**[3]があればまだ救われる。ところがこれもたいして変わらない。体重は落ちないのに挙上ウエイトだけは落ちる。しかも見た目も変わらない。まったくの四面楚歌。

あたり一面、出口も見えぬ真っ暗闇な気分だ。

「何も見えない、真っ暗な絶望の海だからこそ、明るいときは見逃していた小さな小さな希望の灯が見える」

3 変化
「人間の不幸は、人間が部屋にジッとしていられないために起こる。ジッとしていられないので、わざわざ自分で不幸を招く」と言ったのは確かパスカルだ。「人間は毎日同じことを繰り返すことに耐えられない」と言ったのはバートランド・ラッセルだったか。要は変化がなければ人は生きられない。バタバタすることで初めて生きていると実感する。ジャーナリズムのジャーナルとは「日」のことだ。毎日毎日、新しい出来事＝事件などあるはずがない。なければ世界の隅までつつき回し、変化＝刺

と、昔は自分で原作に書いた。我ながらノンキに無責任を言ったもんだ。実は残された希望の灯があることは知っている。ただし、その灯が本当に希望の灯なのか、それとも、甘い歌声で船人を誘い、巨岩に誘い込んで船を沈めるローレライが手にする灯なのか、迷いに迷っていた。そう、「チートデイ」である。

チートデイの迷い

減量期、体重が5％以上減ると、体は**恒常性**（こうじょうせい）**を維持**[4]しようとして代謝能力を落とし、消費エネルギーを抑える。減量を始めて1～2ヵ月頃に停滞期になるのは、体重がちょうど5％前後減るタイミングだからと言われている。

このとき、1日だけ一気にカロリーを取り込むことで脳を「チート」（だます）するのが「チートデイ」だ。減量中の少ないカロリーに適合してしまい「これ以上は体重を落とすな」と指令を出す脳に対し「こんなにカロリーが入ってくるならまだまだ体重を落として大丈夫だな」と思わせるわけだ。理屈として正しそうだ。

激を作り出すのが仕事になる。どうせバタバタするならバーベルに向かえ！

4 **恒常性を維持** 体を常に一定の状態に保つ働き。体温、血液成分の濃度など、ときとしてある程度の変化は起こるが、変化の幅は常に一定に収まる。結果、体重の変化も、直線的ではなく、ある幅（恒常性）のなかで上下しながら緩やかに変化していく……と、頭では理解できるが。

このとき、ネットの記事などでは体脂肪率によってチートデイの間隔なども指定しているものも見かける。体脂肪率25％以上（必要なし）、20〜25％未満（2週間に1度）、15〜20％未満（10日に1度）、10〜15％未満（1週間に1度）、10％未満（4日に1度）。ただしこの数字の根拠については明らかにしていない。

コンテストビルダーでも、チートデイを行わなくても順調に体重が落ち、体が絞れる人もいる。特に意識せずとも**外食の日だけをチートデイ**[5]として、翌日から減量食に戻すと停滞期を破れるという人もいる。体の理論はこれが正しい方法と断言できないから面白いが、そのぶん悩む。

まだ迷う

トレーナー鈴木さんがとても優秀だと思うのは忍耐強いことだ。セットとセットの休憩のとき。

「体重がね、落ちないんだよねぇ〜。この2週間ず〜っと。どうなんでしょうねぇ。やっぱりチートデイやった方がいいかなぁ。でもねえ反動も怖いし。グズグズ……グズグズ」

「そうですねぇ。そんなに長い期間変化がないのは、やっぱり代謝が落ち

5　外食の日だけをチートデイ

これの最大の問題は酒である。意志の問題と言われればそれまでだが、ノンベイの場合、「飲み過ぎる」は「食べ過ぎる」も意味している。しかたないので、外食飲みのときは朝、昼はカロリー抑えめ、飲み出す前にプロテイン＋低脂肪乳などで抵抗している。かなり儚い抵抗ではあるが。

6　あと4kg

コンテストビルダーなど期日がハッキリと決まった減量をしていると、最後の最後、残りの1kgが何をやっても落ちないと苦しむ。無

ていあるのかもしれませんねぇ。食事以外でもオーバートレーニングとか」

「でもねぇ……。せっかくここまで少し絞れてきたのに、元に戻る気がしてチートデイ、ちょっと怖いんだよなぁ。絞ることとウエイトを上げることだとどっちをとるべきなんでしょうねぇ。グズグズ……グズグス」

「大会がある場合はやっぱり絞ることが優先ですけど、ウエイトも頑張って、極力落としたくないですね」

要は「グズグズ泣き言を言ってないで、チートデイ入れて、減量しつつ気合い入れて持ち上げろ!」と怒鳴りたい気持ちを抑え、年寄りの愚痴にニコニコと付き合ってくれる。もうひとつ、トレーナー鈴木さんが優秀だと思うのは上手な嘘をつくことだ。大会に出場予定の若い子がいる。

「あの子、だいぶ絞れているけど、**あと4kg**[6]くらいは減量必要なの?」

「ええ。でも最初から4kgと言うと無理って思っちゃいますから、いちおう2kgくらいって。……で、2kg絞れたらもう2kg(笑)」

う〜む、なかなか策士ではないか。そういえば私もしっかり覚えている。私の腹、最初は「あと4kg」と言われたけど、1ヵ月たって2kg減量してからも「あと4kg」と言われた気がするなぁ……。

論、カロリーを完全にカットしてしまえば体重は減るが、筋量や筋肉の張りも失うので、これでは意味がない。筋肉のカット(減量)と筋肉のボリューム(筋力の維持)の両方が必要なので悩むわけだ。これに比べると、若い女の子が普通に望む「体重落として細くなりたい〜」なんて、いかに簡単なことかわかる。女子(ときに男子)諸君、減量中のボディビルダーの前で、「私も痩せたいの〜」などという寝言は決して言わぬように。

サプリに頼る

ここまでプロテイン以外のサプリ[7]についてはあまり詳しく述べていない。私がプラトー期に「過剰に」摂ったサプリと一緒にまとめて説明しておこう。要はサプリに頼ってなんとかプラトーを脱出しようとあがいたのだ。といって、違法とか危険とかいうものでないのは当然だ。

●グルタミン——免疫力アップの効果や消化吸収作用を助けるとされるアミノ酸類。コンテストビルダーは大会間近になると免疫力も落ちて風邪を引きやすくなるので、風邪予防としても飲んだりする。私も、これは普段からプロテインと混ぜて飲んでいる。

●オメガ3——青魚やナッツに含まれている脂肪酸でＤＨＡとかＥＰＡの仲間。血液をサラサラにし、ＬＤＬコレステロールを増やさないとか糖尿病リスクを下げる効果があるという説もある。ただし、サプリで摂っても効果はないという説もある。魚を食べる代わりの気休め。

●クレアチン——多分、多くのトレーニーが摂るサプリはプロテイン、Ｂ

7 **サプリ**
たいして効果が実感できないのになぜか新しいものをつい試す。多分「もしや今度こそ、秘密の魔力が得られるのでは」と思ってしまう男の幼児性だろう。秦の始皇帝が不老長寿の秘薬を求め、徐福の口車に乗ったのと同じだと思えば納得。だがその最後が水銀死だとわかっているので、時代は移っても危険な薬を海外から取り寄せたりしてはいけません。

CAA・EAA、グルタミン、その次がこのクレアチンだろう。もともとは牛肉などに多く含まれる成分で、1日5㎖程度を摂り続け、血中濃度を保つと、筋力と瞬発力を上げる。つまり挙上重量を増やすことができると言われている。実際、飲み続けると最後の粘りが続く気がする。これがいちばんわかりやすく効果が実感できた。ただし……。

軽井沢でワインも造るエッセイスト、玉村豊男（たまむらとよお）さんも「65歳から本格的に筋トレを始めた」が、こうも書いている。「一時は筋肥大（パンプアップ）のためにクレアチンを、クレアチンの効果を増すためにベータアラニンと一緒に飲んでいましたが、クレアチンの摂取はプロテインの過剰摂取とともに腎臓に負担をかけることがわかった（これは血液検査を見ての判断）ので、ひとつしかない腎臓を大事にするためにきっぱり止めました」（『病気自慢』玉村豊男著 世界文化社）。

というのを読むと、また迷う。クレアチンは摂取の**休養期間**[8]をとるべきという説もあるので止めたり飲んだりで己の決断力のなさにため息が出る。現在70歳を超える玉村さんだが、この他にもたっぷりのサプリを摂っている。このへんは歳をとるとみな同じだなぁと、思わず笑った。私とかなりかぶる部分もある。

8 休養期間
クレアチン・ローディングといって、最初の5日間は1日に4回2~3gずつ摂る。6日目からは毎日、トレーニング後に5g摂取と言われている。以前は、摂取の休養期間を設けるべきと言われていた。

私の場合はBCAA・EAA、クレアチンのようなアミノ酸系サプリ以外にも、こんなものも**試してみた**。[9]

●脂肪燃焼系サプリ――その名の通り脂肪吸収を抑え発汗を促すと言われるサプリ。カフェイン、カプサイシン、カルニチンがよく知られている。これらをミックスしたサプリも発売されている。

●NO系サプリ――一酸化窒素（NO）は血管拡張作用があり、このNO系サプリメントを摂ると体内の一酸化窒素の生成を促し「パンプアップ」が起こりやすくなると言われている。アルギニンやシトルリンが主な成分で、やはりミックスブレンドのサプリが発売されている。

●漢方薬系サプリ――インドの若返りハーブ「アシュアガンダ」とか「マカ」などだ。ここまでくると、何がなんだかわからなくなる。

他にも亜鉛にナトリウム、各種ビタミン剤も手当たり次第にいろいろ試してみた。結論から言うと、クレアチンを除いては、すぐに体感できるほ

9 **試してみた**
いろいろなビタミン剤やサプリを飲んだがその効果を実感したことはない。逆に、用法用量の注意書きはあるが、飲み過ぎて副作用が問題になったという話もあまり聞かない。要は毒にも薬にもなっていない。それでも日本での市場規模は1兆円をはるかに超えるらしいから、人の心は面白い。

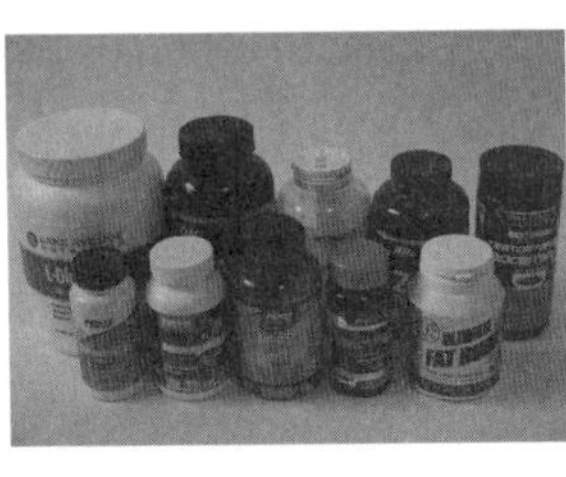

どの変化はあまりなかった。

血液検査の値がヤバい

大腸ガンの手術後、毎月、血液検査のために大学病院に通っている。CT検査もしばらくは4ヵ月に1度、最近は半年に1度ある。丘の上に建つ大学病院の建物を見ると、日常のなかで忘れがちになる手術の日のことを、いやでも思い出す。調子づいているノンキな気分が、ちょっとだけリセットされる。といって、幸い今のところ、先生とは毎度のバカ話で済んできたので緊張感もない。

が、ある日「んっ?」とK先生が真顔になった。

「腎臓と肝臓の数値がちょっと悪いですね~」

実はこの月、思い当たる原因が山ほどあった。まず久しぶりに週2回という深酒の打ち合わせ。東京にも何度か往復した。なんだかわからぬサプリも大量摂取中である。そのくせトレーニングは休まなかったから体のなかも外も過労気味。

「トレーニング追い込み過ぎてるもんで。あとサプリとか……」

医師というのは巷にはびこる各種サプリには冷ややかだ。まぁこれは当然で、近代医学自体がエビデンスの積み重ねと絶え間ない修正・訂正で発展してきたのだから、医学的な確証もないことはそうそう受け入れがたい。科学的であるとはそういうことだ。

各種ビタミン剤と一緒で純粋成分だけを取り出すと、過剰摂取につながって危険というのも確かだ。同じ成分を摂るのでも、食物とサプリでは小腸での吸収速度も異なるという。日本医師会のＨＰには、ちゃんとこんなふうにも書いてある。

「『健康食品』には、成分を濃縮していたり、医薬品の成分を含んでいたりするものも多くあります。効果を期待して摂り過ぎたりすると、危険性も増します。また、服用している医薬品との相互作用で、思わぬ健康被害が発生することもありえます」

はいはい。ごもっとも。しかし、たとえばプロテインだ。過剰摂取かどうかという量の問題はさておき、世間では人工的なものはよくないという風潮がある。

だが、ヨーグルトやチーズを手作りしたことがあればわかるだろうが、牛乳に乳酸菌を入れて固め、取り出したものがヨーグルト、残りがホエイ（乳清）。あるいは牛乳にお酢を加えて少し加熱し塊を取り出せばカテージチーズ。残りがホエイ。多分、ホエイなんて今までは処分に困って捨てていた。このホエイのタンパク分を分離粉末にしたのがホエイプロテインだ。粉末プロテインなんて、作りが単純過ぎてそうそう体に毒なものができるとも思えない。

逆に、タンパク質を粉末のプロテインではなくトレーニーご愛用の鶏胸肉だけで摂るのはどうか。よほどの高級地鶏でも選ばぬ限り、ケージ飼いの鶏は飼料に抗生物質もたっぷり混入されているはずだ。鶏胸肉を摂ることで抗生物質も体に取り込むことになる。魚はどうか。高タンパク低脂肪のマグロなどの大型魚の水銀問題も気にしだしたらきりはない。そう考えると粉末プロテインだけが際だって害とも思えない。せいぜい、タンパク質の種類は偏らないように肉、魚、卵、牛乳、大豆、ここにプロテインを加えて摂るというのがいちばんの選択肢かもしれない。

とあれK先生、少し嬉しそうにこう言った。「サプリとか、当面は禁止ですね。トレーニングも無理は禁物」。でもねぇ……無理しないと筋肉育たないんだよなぁ。

還暦トレーニーならではのジレンマ

体の内も外も、そろそろガタがきだした還暦トレーニーと若いトレーニーとのいちばんの違いは、胃なら消化能力、肝臓・腎臓なら解毒能力、膵臓ならインシュリンの分泌能力もろもろ、加齢によって低下していることだ。たとえば、プロテインひとつとっても、若ければ多少の過剰摂取もまったく問題もないだろうが、歳をとるとタンパク質の取り過ぎは腎臓に負担をかける。わかっていても筋肉はタンパク質を欲しがるから、どこかで折り合いを付けねばならない。

通常、腎臓の数値が悪くなるとまず減塩がすすめられ、この段階を過ぎると次にタンパク質が制限される。これは困るのでなんとか減塩で済む段階で踏みとどまりたい。私が調理のときに塩麹にこだわるのも、塩麹なら塩や醤油を使うより塩分摂取量が減り、麹の効果でうま味が加わり、肉ならつけ込むことで素材も柔らかくなるためだ。

さて、先に述べた肝臓、腎臓の数値はどうなったか。プロテインの量を減らし、各種サプリをピタリとやめたら翌月の血液検査ではすべて正常値に戻った。戻ったのでまた少しずつ増やし、ただ今、限界摂取量を**模索中**[10]だ。

10 模索中
その後、いろいろなサプリ、プロテインの摂取量と検査数値を比較してみたが、どうも一貫した相関性は見あたらない気がする。むしろ影響が大きいのは疲労と睡眠不足ではないかと思うが、まぁ専門家ではないのでこのへんの判断は読者であるあなたにお任せしたい。

やっぱりチートデイを試すか

停滞期の方はどうなったか。結局、もろもろグズグズと悩んだあげくチートデイを試すことにした。他に打開案も見つからなかったのだ。どのくらいカロリーを取り込むのがいいのか調べてみると、これにも山ほどの方法が書かれている。いろいろな説に私の体重や除脂肪体重、基礎代謝などを掛けてみると、以下のようになる。

私のこの時点の体重は70kg（除脂肪体重58kg）だ。基礎代謝は計算よりかなり低めに見積もってみた数字だ。

①「体重に40kcalを掛ける」＝70×40kcal＝2800kcal
②「除脂肪体重（kg）に55kcalを掛ける」＝58×55kcal＝3360kcal
③「基礎代謝を3倍にする」基礎代謝＝1500kcal×3＝4500kcal

①②③で、ずいぶんと開きがあるようだが、どの説でも「半端に食べるのはかえって逆効果」とある。食べ物の内容についてはあまり気にする必要はないという意見が多い。一方でチートデイを「**カーボアップ**[11]」的に考え、脂肪は抑え、炭水化物でカロリーを増やした方がいいという説もあっ

11 カーボアップ
コンテストビルダーが大会直前に炭水化物を大量摂取する方法。筋肉の張りがよくなる。

た。今回は、食事内容はあまりこだわらず、食べたいものを食べる説を採用。とりあえず目標の摂取カロリーを３５００kcalに設定してみた。

チートデイの「３６８５kcal」

「明日はチートデイだ」と、決心してみると思いがけず心がウキウキと弾んでくるのに驚いた。今まで絶対に食べなかったものから順に食べるとしたら……。

トンカツ。それもご飯も付けたトンカツ定食。カツにカレーという夢の組み合わせも最近ご無沙汰だ。ケーキ、饅頭(まんじゅう)の類いも食べてない。ノンベイはもともと甘いものにはあまり執着はないが、食べてもいいと言われればそれなりに嬉しい。意外にも自分でも気づかぬうちに食欲を抑制していたことがわかる。実はチートデイにはこのような気分的なリセットの効果もある。

「なんでも食べられるんだぁ～」と、思った途端、スーパーのなかの視界が３６０度ぐるりと広がった。多分、今までは無意識のうちに「ケーキのコーナー？　いえいえ自分とは無縁です」「ラーメン、うどんも関係ない」と、どこか視界の端に追いやっていた。

結果、これが初回のチートデイのメニュー。最後、ちょっと根性がなく、揚げ物はやっぱりやめたけど。

・7時　コーヒー、プロテイン+低脂肪乳とサツマイモ100g
・9時「鰻のとろろかけ」「トウモロコシご飯」「昆布汁」「漬物」
・10時　大きめの豆大福と日本茶
・12時　温麺のポークカレーかけ
・13時　プロテイン+甘酒
・15時　チョコレートと珈琲
・19時　スパゲティ・ミートソース大盛り、ポテトサラダ
・21時　スイカ一切れ

締めて合計「3685kcal」

PFCバランスは、P=164g、F=132g、C=418g。運動は近くの買い物くらいで、トレーニングは休養日にした。

ちなみに、この文章は、ちょうど昼飯のポークカレー+温麺（カレーうどんのようなもんだ）を食べ終わってから書いている。体感の途中経過で

言うと、昼飯を食べ終わって力んで筋肉を鏡に映してみると、体温が上がっているのか、明らかに血管の浮き出しがハッキリして力が満ちている感じが実感できる。しかし、困ったことに今までさほど感じなかった空腹感が増進しているもわかる。さて、明日以降、どうなることやら……。

チートデイの結果

チートデイ[12]の日の朝の体重が70・6kg体脂肪率17・6%。チートデイで過食した夜の体重が72・6kg体脂肪率18・8%。しっかり2kg増えている。チートデイの翌日には体重が上がり、2日後にチートデイ前日の体重に戻り、3日目からチートデイ開始日より落ちているというのが理想だ。

現実は、チートデイの翌朝が71・8kg、3日後の朝が70・8kgでほぼチートデイ開始日の体重。その後の1週間で70kgまでは落ちたが意外に「70kg防衛ライン」は頑固で、これを完全突破する前に、次のチートデイの予定日になってしまった。

トレーナー鈴木さんに「チートデイやってみましたけど、頑張って食べるのって結構大変ですね」と言った。

「何kcalくらいですか？」

12 チートデイ
コンテストビルダーになると、減量期の食事内容は基本的に常に同じなので、チートデイも有効な気がする。要は急な過食に敏感に体が反応する。食事内容がめちゃくちゃな素人が真似をすると、ただの暴飲暴食になりそうで悩ましい。特に酒飲みは簡単に自制心を失うし。

「3700kcalくらい」

「いや。そこまで無理にカロリーを摂らなくても。普通に3食を摂るだけでいいです。平均的な男性なら2500〜3000kcalくらいで。そうじゃないと減量食に戻しても元の体重になるのに2、3日かかっちゃいますから、体重が落ちる前に次のチートデイが来ちゃいますよ」

「え〜まさにその通りだけど。もう食っちゃったよ。頑張って食ったんだよ〜」

と、肝心なときにトレーナーに意見を求めず、自分で判断してしまうというダメなトレーニーの典型である。

とはいえ、このときのチートデイでは一瞬だが念願の60kg代に突入できた。……といっても69・9kgというギリギリ危うい数字ではあったけど。

とりあえずチートデイの効果は実感できた。

ただし、2回目のチートデイ（きっちりと1週間後とはならなかったので10日後）は、2ヵ月以上前に予約が決まっている天ぷら屋さんだ。「減量が停滞しているんで私は抜ける」とは言いづらい。結果、天ぷらコースにシャンパーニュに白ワインに日本酒も付けた完璧フルコース。食後のバーまで加わってたちまち2kgの増量だ。しかもやはり脂質は取り過ぎぬ方がいいのか、再び70kg攻防ラインに戻って、ただいまこの原稿を書いている時点で3回目のチートデイ直前である。

結果的には外食打ち合わせをチートデイのタイミングで入れるようにしているが、どうしてもややオーバーカロリーになるのは否めない。しかし、あなたがもし停滞期と感じるなら、試してみる価値はあるだろう。私もしばらくは続けるつもりだ。

トレーニングの敵とどう戦うか

実は、減量停滞期や内臓トラブルの他にも**トレーニングの敵**[13]はいろいろある。これは還暦トレーニーに限らない。

・風邪——これは今回ではないが、昔から6月になると必ず体調を崩した。季節の変わり目で自律神経が乱れるせいかもしれないが、いちばん困るのはトレーニング再開時期の見極めだ。去年の6月はこれを見誤った。37度程度の微熱がグズグズと続き、咳も止まらない。なんとか咳が治まるまで1週間はかかった。ちなみに私、「**風邪の効用**[14]」を信じているので、基本的には風邪では医者に行かない。熱が出たら出切るまで待つ自然治癒派

13 トレーニングの敵

これを敵と言っていいか迷うが、実は筋トレは意外に金がかかる。ジムの代金はもちろん、ウエアから各種サプリ、食事内容も家族とは別のメニューが必要だ（だから自分で作ることになる）。しかも「減量中だから」と夜の炭水化物を抜いたりすると、可愛いがっている姪っ子に「オジチャン、いい歳して女子かよ」と白い目で見られる。還暦トレーニーは孤独だ！

14 風邪の効用

「野口整体」の創始者・野口晴哉の考え方で同名の著書もある。風邪は治すべき

だ。

まだ少し咳は残ったが、1週間してトレーニングを再開した。筋力は1週間程度ではさほど落ちないが、2週間以上トレーニングを休むと、取り戻すには約3倍以上の時間がかかるという説があったからだ。ところがトレーニングを再開して再び発熱。しかたがないのでさすがに諦めて医者に行って薬をもらった。

こじらせた風邪は面倒だ。結局、完全に回復するまでに2週間以上もかかった。こんなことなら無理にトレーニングをすべきではなかった。しかし筋力の回復は思いのほか早く、食欲の回復と同時に2週間もかからず元のウエイトが扱えるようになった。この風邪には後日談がある。風邪が治ってすぐ、毎度のCT撮影があった。CTを見てみると、軽い肺炎の痕跡が見つかったというではないか。あの風邪、肺炎だったとは……。ちなみにこのときの風邪はコロナ流行のずっと前のことだ。

筋トレは本人が思っている以上に体には負担をかけている。風邪が完全に治り、ベッドで寝ているのが我慢できないほど元気になっても、もう1日は様子を見た方が、かえって長引かせない気がする。

ともあれ、風邪は引かぬがいちばん。私が葛根湯をジムでも持ち歩き、

ものではなく、経過すべきものと考え、風邪を引くことでむしろ体は丈夫になるという。

アルコールのジェルで必ず手を殺菌するようになったのも、このときの風邪以来だ。

・ケガ――物理的な外傷はもちろんだが、筋疲労による痛みや張りはかなりのダメージになる。足のマメひとつでも、意識が痛みの方に向かって挙上することに集中できないのだ。しかも、筋肉のコリや痛みは必ず左右どちらか一方に偏って出る。休むほどの痛みではないが、たとえばスクワットなどでは痛い方の腰や膝を無意識のうちにかばうせいか、体を沈めるときに上体がよじれる。これは左右のバランスを一層崩し、痛みを長引かせる。

トレーナーさんが付いていれば種目を変え負担のかからぬマシンなどを選んでくれるはずだ。ひとりでトレーニングをするなら、思い切って重量を普段の半分ほどに落とし、ストレッチをやる気持ちで丁寧に動くのもいい。それでも痛みが残るなら勇気を持って休養というのがいちばんなのはわかっている。が、これがなかなかできないからジレンマなのである。

・二日酔い――「そこまで飲むな」と言われれば返す言葉もないが、大人だから断り切れない酒の席もある。軽い二日酔い程度ならウエイトは半分ほどに落とすがトレーニングは休まない。多分、あまり筋肥大の効果はない。それでもしばらくして汗が出てくると気分が持ち直す。

ちなみに、筋トレ後に酒を飲むと筋合成の3割が阻害されるという説も見かけた。こういう数字の根拠はほとんど明示されていないが体に負担をかけるのは確かだろう。

アルコールの過剰摂取は脂肪分解も妨げるともいう。筋肥大や除脂肪というと筋肉ばかりに眼が行くが、いちばん働いているのは内臓だ。数字の根拠はともかく、トレーニングの日と、トレーニングの前日は、極力酒は飲まなくなった。結果、なかなか飲むタイミングがない。筋トレで酒の量が減るというのも、思いがけぬ効用ではある。

「無駄に筋肉鍛えるなら被災地で土嚢（どのう）を運べ」

他にも、意外なところにトレーニングの敵は潜んでいるから覚悟しておいた方がいい。若い子なら不思議だと思われないのに、なぜか還暦過ぎて筋トレに熱中すると、ときおり世間の冷たい視線と出くわすのだ。バタバタと必死に無駄な汗を流すのは、いい年をして**大人げない**[15]というわけだろ

15 **大人げない** ちなみにジョギングとかウォーキングは年相応と思われるのか非難の対象にはならない。でも、筋トレ好きの多くは、有酸素運動のような地味で根気が必要なトレーニングはあまり得意ではない。

う。結果こんなことを言われる。

「そんな無駄なことに力を使うなら困っている人ために使え。被災地に行って土嚢でも運べばいいのに」。冗談めかしているが、いやいやアンタのセリフはたっぷりの悪意で一杯だよ。**こういう非難**[16]に対しては「ごもっともです」と、うなだれるしかない。

実は「阪神淡路大震災」の当日は香港にいた。初めての長期連載の準備で、中華料理の料理人である故・周富徳(しゅうとみとく)さんたちと取材に行っていたのだ。実質的には、この連載が漫画原作家の始まりなので、自分の人生史とも震災は重なっている。ホテルのテレビの画面でグニャリと曲がる高速道路の映像を見てショックを受けたのを今でも覚えている。

「東日本大震災」のときはちょうど「バーテンダー」のテレビドラマ撮影中だった。屋外での撮影が急遽中止になり、少しだけストーリーも変更になった。

この「東日本大震災」をきっかけに、原稿料以外の収入は日赤を通じて復興のための寄付に当てることにした。講演とかイベントの謝礼とかもろもろだ。そもそも**酔っ払ったオヤジの話**[17]で金を取るのはつねづね申し訳ないと思ってもいたのだ。

16 こういう非難
まぁ、そう言うアンタがボランティアに参加したという話は聞かないが、それは言わぬが大人の分別というものだ。

17 酔っ払ったオヤジの話
イベントなどで「何かご用意するものがありますか」と会場の方に訊かれると、「水の代わりに水割りを」と必ず言う。軽い冗談のつもりだが、相手は戸惑うばかりで、ウケたことはない。が、テーマは酒の話だから、必ず用意してくれる。結果酔っ払いとなる。

映画の「007シリーズ」に『007は2度死ぬ』という回がある。シリーズで唯一日本が舞台になった1本だ。中学生のときにはこのタイトルの意味がわからなかったが、こんな言葉が元にあるという。「人は2度死ぬ。1度目は肉体的な死。そして2度目は忘却。周囲の人が、死んだ人の存在を完全に忘れたときに、死者は本当の意味で死ぬ」

たいして役には立たぬだろうが、**小さな寄付**[18]を続けているのは、「忘れない」ためだ。「忘れないでいる」という追悼方法もあると思うからだ。「寄付」と書いたが、気持ちとしては「喜捨（きしゃ）」である。自分自身もまた「メメント・モリ」（死を忘れるなかれ）という言葉を思い出させてもらっているからだ。誰かのためではなく「忘れないでいる」のは自分のためでもある。

「カルプ・ディエム」＝「今を生きる」意味

この「メメント・モリ」（死を忘れるなかれ）という言葉と対句のように使われる言葉に「カルプ・ディエム」（今を生きる）という単語がある。とても好きな**同名のシャンパーニュ**[19]があってこの言葉を知った。

筋トレでバーベルに向き合う状態は、意図せずこの「カルプ・ディエ

18 小さな寄付
振り込み用紙に宛名を書くたび、震災のときの風景が思い起こされる。震災から9年以上が経ち、寄付の合計も軽トラ2台を買えるくらいにはなった。私が被災地で土嚢を運ぶよりはよほど役に立ってくれていると思う。

19 同名のシャンパーニュ
グロンニュイ社の古木のブドウを使った辛口シャンパーニュ。必ず「美人醸造家が造った」と日本語の紹介コメントがあるが、そういう形容はかえって相手に失礼だと思うけどネ。

ム」の状態だ。自分で意識を集中しようとしなくても、バーベルの重さが脳に危険信号を発し、今という一瞬だけに集中して、過去も未来も忘れさせてくれる。大事なのは今、ただこの瞬間だけしかないのだ。もしそう思えれば「年齢」ということは意味がなくなる。20歳の「今」も60歳の「今」もまったくその瞬間においては同じなのだ。

人生をこの「今」という点のつながりと見れば、視野が広がる。人が生まれ変化する過程を「成長」と考えるか「老化」と考えるかで人生に向き合う姿勢も変わる。ワインの変化を「酸化」と考えるのか「熟成」と考えるのかの違いと似ている。

「還暦」という言葉も同じだ。それを老化のスタートと捉えるのか、生まれ変わり、人生もう一度やり直すスタートと考えるか、実は、決めるのは自分自身でいい。筋トレはそんなヒントも教えてくれる。

「ニーバーの祈り」[20]をご存じだろうか。

神よ、私たちに変えられぬものを受け入れる心の平穏を与えてください。
変えることのできるものを変える勇気を与えてください。
そして、

20「ニーバーの祈り」 アルコールや薬物依存克服のための自助組織「A・A」の12のステップのプログラムを通じ、この言葉は世界中で広く知られるようになった。還暦過ぎたら立ち止まって、心に留めたい言葉だ。

変えられるものと変えられぬものを見分ける賢さを与えてください。

我々は変えられないこと＝生老病死や通り過ぎてしまった己の過去は「なんとかならなかったのか」と後悔し続ける。そのくせいちばん変えられること＝「今」には眼を向けない。未来はどうか。それがあるかどうかもわからないのに不安がる。

最後に大げさな話になったが、言いたいのは「年齢なんてただの幻想だよ」ということだ。自分自身、歳をとって賢くなったとも、謙虚になったとも、優しくなったとも、大人になったとも思えない。歳とともに変わったことがあるとすれば、そんな自分でいいのではないかと「諦め」がついたことだ。

19世紀のアメリカに**エミリー・ディキンソン**[21]という女性詩人がいた。10代で引きこもりのような生活になり、その後のほとんどを自室から1歩も出ることなく生涯を終えた。詩人としても、生前は7編の詩を地方紙に発表しただけで、世間的にはまったく無名のまま人生を終えた。そんな詩人がこんな言葉を残したという。社会経験などほとんどなく、人とも交わらず、ただ部屋のなかで言葉を紡ぐだけの人生のなかから到達したと思うと

21 エミリー・ディキンソン
死後に発見された１８００篇近い作品はアメリカ文学史上の奇跡と言われた。その生涯は『静かなる情熱』というタイトルで映画化もされる。私は同じく詩人の長田弘さん訳の『エミリー・ディキンソン家のネズミ』がとても気に入って、漫画『バーテンダー』でも紹介したくらいだ。

感動する。

「私たちは年とともに老いていくのではなく、日々新たに変わっていくのです」

エピローグ――「そしてワタシの腹筋は割れたのか」

この原稿を書いている夏、静岡県の菊川市で開かれた「静岡県ボディビル大会」を前年に続いて見学に行った。コンテストビルダーOさんは一般の部で7位、息子さんのS太郎君が10位で2人とも去年より順位を伸ばした。

Oさんはこの一般の部の他に60歳以上の部にも出場して優勝。その後の全国大会でも4位入賞を果たした。来年は表彰台を目指すと言う。

東海大会の60歳以上の部に、Hさんという方が出場していた。お年齢(とし)はなんと83歳！　筋トレを始めたのは還暦になってからだという。昨年も、会場からは大きな拍手が上がっていた。世間は、83歳のボディビルダーを「83歳という高齢なのに」頑張っているから凄いと思うだろうが、それだけではない。実際、その大胸筋を見ても、多分、私などよりよほど高重量を上げるに違いない。その意味で年齢など関係ないのだ。

では会場の熱い拍手はなにか。コンテストという1年の晴れの舞台に立つ姿に、自分たちと同じ思いを見るからだ。日々黙々と、全力でバーベルに向かいながら味わった葛藤や挫折。それを乗り越えた努力に共感するからだ。20代でも還暦でも80歳を超えていても、この思いは多分変わらない。これも筋肉の公平性だ。

「歳をとったから膝を痛める、肩を痛める」と世間は誤解するが違うのである。ケガの原因の多くは間違ったフォームと重過ぎるウエイトなのだ。若くても歳をとってもこれは同じ。これもまた筋肉の公平性と言える。

さて私だ。この写真で「シックスパック完成！」というにははかなり頼りない。眼をこらし、必死に霧の向こうを探せば6つの山にも見えぬことはないというレベルだ。しかもポージングでかなり誤魔化しているし、カメラマンの腕のおかげもある。体重も目標の66kgには届かなかった。しかし本人的には満足である。

船乗りの世界に「ソーヴ・キ・プ」（sauve qui peut）という言葉がある。私、かつてへなちょこなヨット乗りだったこともあるので、知っていた言葉だ。これは船が沈みかけたときに、キャプテンが乗員にかける最後の言葉だ。意味は「各員、生き延びることができる者は、各々が全力で生き延びよ」

長々とした本書のなかから、たったひとつでもあなたの記憶に残る言葉があり、その言葉が、あなたが生き延びるために一瞬でも役に立つなら幸いだ。先の見えない困難な時代は、しばらく続くかもしれない。だが負けないで欲しい。

読者のみなさんに「ソーヴ・キ・プ！」――。

最後に……。

還暦ボディービルダーOさんこと小田勝さん。その息子の小田翔太郎君。パワーリフターAさんこと青池寿明さん。ベンチプレッサーNさんこと夏目孝夫さん。ジムではトレーニングの邪魔をして、取材・撮影でお世話をおかけしました。トレーナー鈴木章弘さんにも感謝を。素人の原稿にさまざまなアドバイスをいただきました。日々のトレーニングではなかなか成長しないトレーニーを根気よく指導していただいております。

加えて我が執刀医K先生こと浜松医科大学下部消化器科助教・倉地清隆先生に感謝を。次回はバーでカクテル、ではなくジムでプロテインを。料理撮影では「ワインブティック・パニエ」のソムリエール・宮田裕子さんにもご協力いただきました。

旧友でもある有限会社五反田制作所・五反田正宏さん、面倒な編集をありがとう。写真家の藤田修平さんには気合いの入った写真を撮影していただきました。ブックマン社・小宮亜里編集長には、思いのほか出版まで時間がかかってしまったことをお詫びします。

「今日は何の日?」と訊かれると「背中と上腕三頭筋の日」とつい答えてしまうトレーニング前の初夏の日に。著者記す。

取材・撮影協力「SEIBUGYM」

1981 年創業。機能解剖学に基づいた基本トレーニング指導が中心。
オーナートレーナー・鈴木章弘氏は
1989 年に静岡県ボディビル選手権を最年少の 19 歳で優勝。
1995 年も優勝。JBBF 指導員、
ボディビル審査員、フィットネス審査員。

〒432-8051 静岡県浜松市南区若林町 2733-1　TEL 053-454-7481
営業時間（月曜日～金曜日　11：00 ～ 23：00）
（土曜日　11：00 ～ 22：00）
（祭日　16：00 ～ 23：00）
（日曜日　10：00 ～ 16：00）第 1 日曜は定休日。

ブックマン社の本

オリンピックでアスリートをサポートした早大教授が公開！
漠然とした夢を明確な目標に変える メソッド。
書き込めるノート付。

こころを強くする「夢ノート」

～トップアスリートが実践するルーティンワーク～

堀野博幸 著

潜在能力を引き出し、自信を持って堂々と活躍するためには、メンタルの強さが不可欠。多くのトップアスリートが、ノートに「書く」ことで自分の弱さを克服し世界に羽ばたいた…。3ヵ月「夢ノート」をつけるだけで、未来が変わる！スポーツで実力が伸びるのはもちろん、受験生や社会人も夢が叶う魔法のノート。

A 5 並製・120 頁　本体 1400 円＋税

城アラキ（じょう・あらき）

漫画原作家。立教大学在学中からライター活動を始め、コピーライターを経て漫画原作家に転身。テレビドラマ化・アニメ化された『バーテンダー』をはじめ酒と酒にまつわる人間関係を、コミックの巻数にして優に100冊を超えて描き続けている。主な作品に『ソムリエ』『新ソムリエ 瞬のワイン』『バーテンダー』『ソムリエール』『バーテンダー à Paris』『バーテンダー à Tokyo』『ギャルソン』『シャンパーニュ』『カクテル』『バーテンダー 6stp』など。
近著の、教養としての大人のバーの入門書『バーテンダーの流儀』も話題。

負けない筋トレ　還暦から筋トレにハマったら「肉体」と「人生」が激変した！

2020年7月17日　初版第一刷発行

著者 ―――― 城アラキ
ブックデザイン ―― 杉山健太郎
カバーイラスト ―― 丸口洋平
本文イラスト ―― 黒沢麻子
写真 ―――― 藤田修平
企画・編集 ―― 五反田正宏
DTP ―――― 明昌堂

発行者 ―――― 田中幹男
発行所 ―――― 株式会社ブックマン社
〒101-0065 千代田区西神田 3-3-5
TEL 03-3237-7777　FAX 03-5226-9599
http://www.bookman.co.jp
印刷・製本 ―― 図書印刷株式会社

ISBN 978-4-89308-929-8